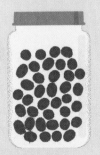

PAN CON QUESO

Y OTRAS RECETAS 100% VEGETALES PARA UN DÍA A DÍA CONSCIENTE Y VITALIZANTE

Consol Rodriguez

COOKED
- BY URANO -

Argentina - Chile - Colombia - España
Estados Unidos - México - Perú - Uruguay - Venezuela

1ª edición Febrero 2018

Texto, fotografía e ilustraciones: Consol Rodríguez
(kijimunas-kitchen.com)
Fotografías de la autora: danbalboa.com
Diseño: twice.es

Copyright © 2018 by Consol Rodríguez
All Rights Reserved
© 2018 by Ediciones Urano, S.A.U.
Plaza de los Reyes Magos 8, piso 1.º C y D – 28007 Madrid
www.edicionesurano.com

ISBN: 978-84-7953-979-5
E-ISBN: 978-84-16990-16-0
Depósito legal: B-6.769-2017

Impreso por: Macrolibros S.L.
Polígono Industrial de Argales
Vázquez de Menchaca, n.º 9
47008 VALLADOLID

Impreso en España – *Printed in Spain*

Dedicatoria

A la luz que dibuja el contorno de todas las cosas y hace brillar los colores.
A la oscuridad de la noche que apaga el mundo y deja titilar a las estrellas.
A la lluvia que hace bailar a los pastos,
y a las gotas que en su redondez de nube amagan el secreto de la vida.

Al sol que acaricia a todos los seres y pinta de oro el horizonte.
A la fiesta de los verdes y las amapolas.

A los vientos que cantan en la noche y hacen girar las nubes.
A la brisa salada que mece la cintura de los pinos y las cañas
y aun despeina a abejas y mariposas.
Al aire que llena el vacío de mi ventana y me trae el canto
del mirlo y del gorrión en la rama del viejo níspero cargada de frutos.
Al tiempo que hará marchitar las flores y hará crecer nuevos brotes
que soñarán un día con sus propias ramas y sus propios pájaros.
A cada primavera que me devuelve desinteresada el vuelo del vencejo.

Al cambio.

A las olas que besan la arena.
A la espuma que abraza rocas, algas, estrellas marinas
y caracolas que hablan con voz de océano.
Al frescor albo de la mañana temprana y al rocío oscuro de las noches de verano.
A las viejas y altas paredes donde habito, diminuto cosmos al que honro con
orden y belleza.

Al silencio que nos deja ser.
Al ruido y la risa, por donde exclaman los sentimientos y susurran los recuerdos.
Al abrazo y al adiós que abren las puertas a los nuevos caminos.

Presentación

«Si fueris Romae, Romano vivito more; si fueris alibi, vivito sicut ibi.»[1]
Siglo IV d.C., **AURELIUS AMBROSIUS**.

Mi nombre es Consol Rodríguez. Soy formadora de alimentación viva y cocina crudivegana —*raw living food*—, artista visual, profesora universitaria y autora del blog **Kijimuna's Kitchen**. Recetas sencillas con alimentos vivos (kijimunas-kitchen.com), donde publico y comparto, desde enero del 2010, recetas crudiveganas y otros artículos de interés relacionados con la alimentación viva y las propiedades curativas y medicinales de los alimentos. En todos mis proyectos, mis vivencias y experiencias personales, mi reflexión sobre el día a día están fuertemente vinculados. Y no podría ser diferente en este libro que justo con estas palabras comienza.

En septiembre del 2001 aterricé por primera vez en Londres con un par de cámaras, mi ordenador portátil y una maleta con ropa suficiente para pasar cómodamente seis meses en la ciudad. Había llegado para desarrollar un proyecto. Iban a ser solo seis meses pero se convirtieron, por propia decisión —o mejor, por total fascinación ante la inacabable ciudad—, en casi cinco años.

En mi aventura del Mediterráneo al *Big Smoke*, una de las cosas que me conmocionó radicalmente fueron las diferentes costumbres en la alimentación. Mi día a día de comidas sencillas, tradicionales, frescas, recién hechas y saludables se vio alterado por la falta de productos frescos, frutas y vegetales maduros, y por la presencia de un largo etcétera de envasados y preparados industriales que sobrepasaba los límites de mi imaginación. ¿Y los mercados de alimentos de verdad? ¿Dónde estaban? Inexistentes. En aquella época apenas se empezaba a recuperar el hoy conocido *Borough Market*, que, si bien hoy día está abierto casi todos los días de la semana, entonces se trataba de una incipiente iniciativa que pretendía recuperar un mercado medieval en la rivera sur del río Támesis y que se celebraba tan solo los viernes y sábados por la mañana. Por lo demás, una hora de autobús para ir a comprar allí alimentos de calidad no era siempre lo que más apetecía tras una semana laboral intensa en una de las ciudades con la oferta cultural más interesante de Europa.

---

1 Una de las expresiones curiosas que me llamó la atención cuando viví en Londres fue esta: «*When in Rome, do as the Romans do*». Este refrán, hoy popular en lengua inglesa, se atribuye a una cita a Aurelius Ambrosius, obispo de Milán en el siglo IV d.C. La expresión al completo se traduciría como: «Si estuvieres en Roma, vive a la manera romana; si estuvieres en otra parte, vive como lo hacen allí».

Comer saludable y fresco parecía una hazaña difícil. Comodidades tan básicas como tener una panadería cerca de casa eran de lo más extraño. El pan se podía comprar envasado en el supermercado, y quien tenía la suerte de vivir cerca de una de las mejores cadenas de supermercados de la ciudad podía adquirir pan horneado del día a partir de masas precongeladas, de mayor o menor calidad, que llegaban a diario a estos establecimientos, además de dulces y pasteles de calidades similares. Una suerte mucho más escasa y rara era vivir cerca de alguna *high street* donde se suelen agrupar las tiendas de *delicatessen*, fruterías, hornos y pastelerías tradicionales donde sí se podían adquirir panificados, pasteles rellenos salados (*pies*), dulces y repostería típica local, desde el delicioso *apple pie* o los *fruit crumbles*, a los *doughnuts* recién hechos rellenos de mermeladas de *berries* de temporada, los *scones* de mantequilla con *clotted cream*, los *muffins* con *topping* de *streusel*, o los golosísimos pasteles de queso fresco con arándanos y moras, pasando por una variedad inimaginable de panes de todos los granos, generalmente rústicos pero también en su versión refinada, horneados en fuego de leña. De un extremo al otro, producto delicioso, recién hecho y tradicional, sin duda, aunque no siempre clasificable como saludable y, como era de esperar, un bien que se despachaba al precio de lo que era: un lujo.

¿Cuál era la solución diaria, entonces, para hacerse con uno de los productos básicos en la mesa de casi todas las culturas, el pan del día? Esta era mi gran pregunta. La respuesta, que en aquel tiempo no me pareció nada obvia, era bien sencilla: hacer el pan en casa. Así de simple, y curioso. En la mayoría de los hogares se preparaba el pan a partir de las diferentes harinas que abundaban en las estanterías de los comercios; incluso las panificadoras eléctricas eran un electrodoméstico que se podía adquirir en algunos supermercados bien equipados. Era sorprendente que de entre los tantos pasillos de bienes comestibles como mínimo uno estaba dedicado a múltiples variedades de copos y harinas, muchas de ellas etiquetadas con el orgullo del producto nacional: desde las harinas refinadísimas —la de trigo 0 para preparar la delicada masa de las pizzas y *wraps* o la nívea maicena para los *sponge cakes* del más puro estilo victoriano— a las más integrales con su salvado incluido; de todos los cereales y de diferentes fuerzas y tonos; junto a levaduras, fermentos naturales para leudados lentos, o preparados carbonatados para panes *instant* sin fermentación, utensilios para el amasado e incluso libros de recetas. Todo lo necesario para preparar con éxito el pan en casa... y también los pasteles, tartas, *muffins, cookies, shortcakes*... El pasillo se completaba con una oferta similar de productos lácteos grasos —mantequillas, cuajadas, yogures, *quark*, crema agria, *crème fraiche*, *buttermilk*, natas de diversas consistencias, cremas y flanes listos para consumir o en polvo—, mantecas, azúcares de todos los colores, hasta colorantes de otro mundo y saborizantes de todo tipo.

Aunque los panes nunca fueron algo que llamase mi atención, allí estaba ante aquella jungla de oferta, ante todo lo necesario para aprender a hacer mi propio pan. Tenía, y tengo, la suerte de preferir comer sin pan siempre que comía en casa, pero a la hora de comer fuera, en el trabajo, por ejemplo, se hacía mucho más cómoda y saludable la idea de llevar el sándwich ya preparado. En mi caso, el pan preparado también por mí. Y así de casualmente empezó mi historia de amor con el amasado, leudado durante horas y horneado del pan casero y su ritual de preparación; así de sencillo fue el proceso que me llevó a conocer los ingredientes tradicionales, sus tempos, las necesidades de la fase previa y viva y todos los trucos de los panes artesanos.

En los libros que menciono había recetas para prepararlos con y sin lácteos, con y sin huevos, rápidos sin fermentar o de leudado lento, blancos y ligeros como nubes o morenos, densos y pesados como un pan de pastor. Acabé devorando libros de panes, repostería y, finalmente, otros platos tradicionales locales que jamás hubiese sospechado que existieran, siempre intentando buscar su versión más saludable y nutritiva: cocina inglesa, galesa, irlandesa, escocesa y los deliciosos dulces victorianos.

Haberme convertido temporalmente en mi propia panadería tuvo un efecto inevitable: no soportar ni siquiera de vista los panificados refinados aditivados con mil y un químicos y preparados sin consciencia con la peor parte del cereal y leudantes artificiales, el producto de dudosa calidad que en la mayoría de los lugares se vende como el pan nuestro de cada día.

Fue un primer paso, sin duda, en la toma de consciencia hacia una alimentación más natural. Y fue ya entonces cuando empecé a preocuparme por el origen de los productos alimentarios que entraban en mi cesto de la compra; mi elección siempre dirigida a los ingredientes menos procesados y enteros. Con el leudado casero a partir de levaduras naturales me inicié en el arte culinario de los fermentados, mundo fascinante que, sin duda, ocupa hoy un lugar principal en mi cocina con alimentos vivos.

Mi cocina hoy día es fruto de este inevitable camino sin prisas, ni pausas, que se inició en el 2001 hacia una alimentación lo más consciente, natural, fisiológica y ancestral posible. Hoy día para mí la consciencia en la alimentación es lo primero y el placer, imprescindible e inseparable del acto de comer y alimentarse, debe acompañar siempre y solo a los alimentos más puros y naturales, aquellos alimentos para los que estamos diseñados y que nuestro organismo puede procesar sin necesidad de ningún tipo de preparación, en su estado natural, crudos.

En este proceso de depuración alimentaria, gradual y lleno de sorpresas positivas, descubrí el efecto que algunos alimentos pueden tener en nuestro organismo, ya no solo con respecto a la salud y la enfermedad, sino en otros ámbitos como las emociones o la adicción. Así es, hay comestibles que tienen efectos adictivos sobre nosotros, por diferentes razones, como son muchos cereales, los lácteos, los refinados, los excitantes y el azúcar. Justo estos alimentos son los más difíciles de eliminar de nuestra dieta y son los que más profundamente nos pueden frustrar en nuestro intento de llevar una alimentación lo más sana y auténtica posible. Hay momentos delicados en la transición a esta vida más sana y consciente en los que estos comestibles se echan en falta, en los que nos puede parecer que somos débiles, seres sin voluntad que se rinden ante algo tan ínfimo como el olor del pan, o la apariencia de un dulce en un escaparate. O el simple pensamiento de la leche, la nata, el yogur, la mantequilla... Es una mortificación para algunos no poder conseguir algo tan sencillo como dejar de comer aquello que sabemos que no nos hace ningún bien. En nuestra ignorancia sobre su naturaleza adictiva, nos autoculpamos de debilidad y comemos como el que peca, con pena y sin gloria.

Para algunos de nosotros es más fácil dejar de consumir aquello que no alimenta, pero sí intoxica, mientras que para otros dejar de comer pan, pasta, pizza, un vaso de leche, productos de bollería o un pedazo de queso parece ser misión imposible. Por eso en este libro he decidido recopilar muchas de mis recetas, antiguas y más recientes, pensadas para sustituir estos comestibles nocivos y adictivos. Son recetas en su mayoría de alimentación viva o *raw living food*, siempre con alimentos solo de origen vegetal, donde la germinación, el brotado, el fermentado —y el deshidratado en muchos casos— tienen un papel transformativo y nutritivo clave. También he incluido alguna receta con algún alimento cocinado de manera consciente —aunque ya haga muchos años que los cocinados no formen parte de mi dieta—, a veces más sencillas y rápidas, y que pueden ser buenas aliadas en el camino hacia una alimentación limpia y natural sin demasiadas complicaciones en la cocina.

Así, querido lector, es como ha nacido este mi segundo libro, ***Pan con queso y otras recetas 100% vegetales para un día a día consciente y vitalizante***, del deseo y la voluntad de compartir contigo algunos conocimientos y recetas que ojalá te ayuden, y quizá también ayuden a los de casa, a enamorarte de la alimentación más sencilla y natural, la que realmente nos corresponde como especie, sin echar nada de menos.

Igual que en mi primer libro con Ediciones Urano, ***Raw Food Anti-aging. La cocina de la longevidad, salud, vitalidad, consciencia y belleza***, para el que escribí texto y recetas y realicé las fotografías y las ilustraciones, me he encargado no solo de investigar, escribir y dibujar, sino de desarrollar y preparar cada elaboración (los i+D para recetas creativas pueden ser inacabables, pero siempre apasionantes). También he querido cuidar el estilismo e ilustrar cada receta con mis propias fotografías. Son fotografías honestas, sencillas, sin *atrezzo* afectado ni colorido excesivo, un escenario casi rústico que acompaña con honestidad la sencillez y la pureza de los ingredientes utilizados y la manera respetuosa y amorosa en que han sido preparados.

Al final de este libro encontrarás la bibliografía consultada y los estudios que documentan esta obra, una breve recopilación de información que a mí me ayudó en mi camino a abrir los ojos y en el proceso de sanación de una grave enfermedad autoinmune. Para mí es clave entender el porqué de las cosas y ponerse manos a la obra, porque solo a través de la conciencia y el conocimiento se puede construir el camino del que es difícil desviarse. Por esto, querido lector, no te dejaré solamente con las recetas, sino que intentaré explicar y dejar evidencia de por qué no es tan beneficioso el consumo de ciertos alimentos y sus efectos negativos en nuestro organismo. Si quieres seguir investigando, los títulos al final de este libro son, sin duda, una bibliografía de oro. Espero que lo disfrutes.

Bon appétit!

—

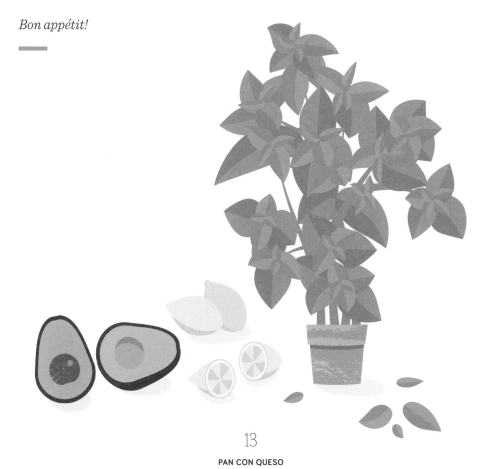

Hoy día para mí la consciencia en la alimentación es lo primero y el placer, imprescindible e inseparable del acto de comer y alimentarse, debe acompañar siempre y solo a los alimentos más puros y naturales, aquellos alimentos para los que estamos diseñados y que nuestro organismo puede procesar sin necesidad de ningún tipo de preparación, en su estado natural, crudos.

Panes vivos, todo beneficios

«La medicina ingerida más importante viene de la misma comida que consumimos.»
2012, *Food IS Medicine. The Scientific Evidence*, DR. BRIAN R. CLEMENT.

El fuego y el calor en las preparaciones de nuestros ancestros apareció en épocas de escasez como una manera de hacer comestibles y más digeribles alimentos no fisiológicos[2] para los que nuestro sistema digestivo no está preparado. Muchos de estos alimentos de entonces aún tienen un papel protagonista en nuestro plato, y sabemos perfectamente que si no se cocinan no nos sentarán bien. Son en su mayoría tubérculos y raíces ricos en almidón, pero también cereales y legumbres que, con el surgir de la agricultura en el Neolítico, una vez secos y listos para almacenar durante largos períodos de tiempo, fueron adquiriendo un protagonismo cada vez más importante en nuestra dieta, permitiendo hacer previsión para épocas de escasez y evitar la hambruna. Aun así, nuestro organismo es incapaz de procesarlos tal cual, necesitan de algún tipo de transformación (germinado, brotado, fermentación o cocción). En este aspecto, la capacidad transformativa del fuego sobre estos vegetales almidonosos funcionaría como una especie de predigestión externa del alimento, pero no sin dejar de ser un desvitalizador del resto de sus propiedades nutricias.

Las nuevas incorporaciones feculentas a la dieta de nuestros antepasados les ayudaron a no morir de hambre, aunque hoy día el abuso que se hace de ellas y de sus múltiples derivados es el motivo por el que muchas dietas contemporáneas son pobres en productos frescos y sus beneficiosas propiedades naturales. Sin embargo, abundan en nuestras despensas alimentos y comestibles no fisiológicos —pastas, panes, bollería, cereales, patatas— habitualmente refinados y/o procesados, envasados con aditivos químicos y preparados sin demasiada consciencia —panes sin los beneficiosos leudados lentos, cocciones rápidas a temperaturas elevadas, tóxicas frituras, precocinados y precongelados que poco o nada nos aportan excepto una buena dosis de desvitalización, de carbohidratos de rápida

---

2 Los alimentos fisiológicos son aquellos que nutren, vitalizan y depuran, sin generar residuos. El doctor Seignalet, hematólogo, inmunólogo, biólogo, catedrático de Medicina de la Universidad de Montpellier y autor de más de doscientas publicaciones en prestigiosas revistas médicas, los definía como aquellos alimentos adaptados a nuestro sistema digestivo originario. Desde esta perspectiva, es importante que comprendamos cuál es el diseño original de la fisiología del ser humano. Si te interesa saber más sobre nuestra fisiología y la alimentación natural que nos corresponde, encontrarás mucha información de utilidad en mi libro *Raw Food Anti-aging. La cocina de la longevidad; salud, vitalidad, consciencia y belleza*, Ediciones Urano, Barcelona, 2016.

asimilación y grasas y aceites oxidados y oxidativos sin los que nuestros sistemas estarían mucho mejor.

Con el inicio de la agricultura en la región de Levante o Mediterráneo oriental se estima que unos 8.000 años a.C. el ser humano dejó de ser nómada y empezó a trabajar la tierra, controlando para su supervivencia las plantas que antes encontraba de manera mucho más escasa y fortuita en campos y bosques. Se obtenían sobre todo granos y legumbres —los primeros en cultivarse fueron variedades antiguas de trigo y cebada silvestres, habas, guisantes, garbanzos, lentejas, lino— que, una vez secos, se podían almacenar fácilmente, para después consumir rehidratándolos y cociéndolos; pero también un árbol frutal cuyo fruto tiene propiedades muy antioxidantes y alcalinizantes: la higuera. Casi simultáneamente, en China se empezó a cultivar el arroz, las judías mung, la soja y el adzuki; y en las tierras americanas, el maíz, las patatas, el boniato, la yuca, el tomate, el pimiento, las calabazas. Fueron alimentos que ayudaron al ser humano a sobrevivir durante los períodos de escasez, la mayoría fáciles de guardar y ricos en almidones y carbohidratos.

Hoy día se usa y abusa, de manera innecesaria, de este tipo de productos, sobre todo de los granos. Se nos ha inculcado que los cereales deben ser la base de nuestra alimentación, aunque no deja de ser revelador el gran número de intolerancias, alergias, enfermedades autoinmunes, degenerativas e inflamatorias relacionadas con el consumo excesivo de cereales (generalmente con gluten), pseudocereales (sin gluten) y otros productos almidonosos (legumbres secas, raíces y tubérculos).

Con la comprensión de los primeros métodos de cultivo y el control de la agricultura, el ser humano aprendió a seleccionar las semillas y a manipular las plantas para optimizar no solo su resistencia a las inclemencias del tiempo y a las plagas para asegurarse el sustento futuro sino también para alterar sus propiedades organolépticas, haciéndolas más atractivas al paladar. Esta mejora de sabor vino acompañada por cambios inevitables en la naturaleza de las plantas, sus semillas y frutos, quedando alterada su genética y como consecuencia sus propiedades nutritivas originales. Así no solo obtuvo cosechas más abundantes, productivas y resistentes a sequías, predadores varios y enfermedades a partir de selecciones e hibridaciones entre los mejores ejemplares e incluso especies, sino que consiguió incrementar las cantidades de azúcares naturales en los frutos y semillas. Por eso hoy todo es mucho más dulce en nuestra alimentación que en los tiempos preneolíticos, incluso los alimentos más naturales y puros. Como resultado, también consiguió grandes cambios genéticos en algunos cultivos, especialmente en el de cereales, modificándolos en tan poco tiempo y de tal manera que las enzimas y mucinas de nuestro organismo no tuvieron tiempo de evolucionar lo suficiente para adaptarse bien al nuevo producto agrícola, proceso que se acentuó tras afianzarse definitivamente la industria alimentaria tras la Segunda Guerra Mundial con su sistema en auge de producción de alimentos procesados. En especial, esta manipulación afecta al trigo y al maíz, y, en menor medida, a la cebada, centeno, avena, mijo y espelta. Y, aunque en el mercado existen variedades etiquetadas como ancestrales, nos aseguran, lo que obviamente más abunda son estas Frankenplantas que cada vez más profesionales de la salud relacionan con muchas aflicciones de salud contemporáneas, no solo digestivas, sino neuropsicológicas, inflamatorias, reumatológicas, cancerígenas, hormonales, respiratorias, autoinmunes, alteraciones de estado de ánimo, generación de mucosidad...[3]

Nuestro organismo ancestral ya respondía negativamente ante cierto tipo de proteínas contenidas en los cereales en pequeñas cantidades, como la polémica gliadina, el tipo de gluten que contiene el trigo. Tras las mejoras de los métodos de cultivo se produjeron no solo cambios en la estructura de estas proteínas, sino que el gluten aumentó en las nuevas generaciones de cereales; ya que el gluten, que confiere esponjosidad y elasticidad al pan cocinado, mejoró su palatabilidad y permitió la obtención de una textura mucho más esponjosa en los panificados. El gluten, además, se puede volver más dañino al sufrir nuevas transformaciones con la cocción a altas temperaturas del cereal; lo que para nuestros ancestros fue el alimento que les salvó la vida, aun con pequeños contenidos de elementos tóxicos, hoy día parece ser que se ha transformado en un comestible muy desvitalizante.

Además de todas estas «mejoras» agrícolas, el refinado y el uso de leudantes químicos y rápidos contribuyen a la poca idoneidad nutritiva de los panificados contemporáneos.

Los cereales más consumidos a escala mundial —trigo, arroz, avena, cebada, maíz, centeno, mijo, sorgo y también los pseudocereales trigo sarraceno y quinua— se encuentran en el mercado en diversas formas: grano integral, grano refinado, copos, granos inflados, sémola, harinas integrales, harinas refinadas y sus subproductos:

---

3 El doctor Jean Seignalet así lo explica en el extenso corpus de su obra médica. De especial interés es su libro *La alimentación, la tercera medicina*, donde deja constancia de los inconvenientes de consumir el trigo contemporáneo, y otros alimentos, y los relaciona con la mayoría de las enfermedades mencionadas, entre otras patologías. Seignalet fue uno de los defensores de la alimentación viva y fisiológica en Europa, recomendando un mínimo del 70% de crudos en cada una de nuestras comidas como porcentaje saludable y llevadero, aunque defendía que cuanto más elevado fuera el porcentaje de alimentos fisiológicos, vivos y crudos en nuestra dieta, mayor sería el beneficio y la vitalidad.

panes, pastas, galletas, bollería, pizzas, espesantes, etc. Como en el caso del azúcar, el refinado de los granos supone la pérdida de la capa más externa del grano, el salvado, que es la que contiene la mayor proporción de vitaminas, minerales y fibra.

En muchos de los casos, el germen de las semillas —interesante también por la cantidad de nutrientes minerales, vitaminas, aminoácidos esenciales y omegas que contiene— queda dañado e incluso escindido; el grano refinado, completamente desvitalizado, se compone básicamente de carbohidratos y almidones, por otra parte de más rápida asimilación, cosa que contribuye al mayor incremento de insulina en sangre al consumirlos.

Se dice por eso que el mejor pan es el hecho con harina integral de cultivo ecológico —así también evitamos los fertilizantes químicos y otros agrotóxicos utilizados durante el cultivo— y de fermentación lenta con levadura madre (levadura natural hecha a partir de la fermentación de la misma harina) que contribuye a que los nutrientes, sobre todo hierro, fósforo, calcio y zinc, tengan mejor absorción en el organismo ya que el calor, y también el leudado, contribuye a la desactivación de los fitatos, un antinutriente natural presente en las semillas que inhibe parcialmente la absorción de sus minerales. La fermentación natural es muy fácil de reconocer, ya que al cortar el pan se verán las huellas de distintos tamaños del burbujeo de las levaduras, mientras que en la fermentación con levadura industrial las burbujitas son de tamaño uniforme.

Los panes preparados según las bases de la alimentación viva —con cereales o sin ellos— pueden ser todavía mucho mejor. No importa el tipo de semillas que utilicemos para preparar nuestros panes vivos, las haremos germinar o brotar previamente, o como mínimo las activaremos remojándolas en agua tibia entre ocho y doce horas enjuagándolas después. Gracias al proceso de germinación y/o brotado mejoraremos su digestibilidad y aumentarán de manera exponencial sus principios nutritivos, al mismo tiempo que nos aseguraremos de la vitalidad de las semillas que hemos comprado: si las semillas no son integrales o no contienen su natural principio vital intacto no germinarán. Aunque esto parezca algo muy obvio, no todas las semillas que se comercializan hoy día tienen esta capacidad. Algunas no germinan por estar desvitalizadas, o por no ser integrales, o por haber sido tratadas con algún tipo de químico, antifúngico o insecticida, con el fin de alargar su tiempo de almacenamiento y preservarlas más tiempo para su venta.

Al inicio de mi cambio de alimentación, una de las cosas que más me preocupaba era no saber si realmente las semillas ecológicas que compraba —oleaginosas, mucilaginosas, cereales, pseudocereales, legumbres— tendrían la suficiente vitalidad como para convertirse en planta. Así que me dediqué una temporada a ponerlas todas a prueba, remojando y germinando en mi cocina. Muchas de ellas germinaban y brotaban con mucha fuerza, otras con menos, y otras ni siquiera germinaban. Esta es una prueba sencilla que todos podemos hacer en casa y que te invito a que hagas. Yo ahora tengo clarísimo cuáles son las marcas que me ofrecen calidad natural y cuáles no; y sé perfectamente cuáles voy a tener en mi despensa. Ojalá todos los testeos pudiesen ser tan sencillos como este; sin duda, para preparar panes vivos como los que encontrarás en este libro, tendrás que realizar este control de calidad. Puede ser que al principio solo pensar en las horas o días que tardan en brotar las semillas te dé pereza; pero piensa que no hay que estar con ellas mientras inician su proceso de vida, solo tenemos que darles un poco de agua. Por otra parte, el proceso es de una belleza indescriptible, delicada y de una fuerza vital honesta y reveladora que estoy segura de que cambiará tu relación con tus alimentos.

Preparar panes vivos con cereales y semillas germinados o con frutos secos activados nos aportará muchas ventajas: mejor digestibilidad, mayor aporte nutricional al aumentar los nutrientes, eliminación o alta reducción de almidones, inhibidores enzimáticos y fitatos que interfieren en la absorción sobre todo de los minerales. Es más, en la germinación, el gluten se reduce considerablemente y se transforma en una sustancia mucho más digestiva y menos nociva al quedar anuladas en su mayoría las lectinas.[4] Y las proteínas se convierten en aminoácidos esenciales activos que asimilaremos de manera fácil y eficaz. Estos panes a base

---

4 Las lectinas son sustancias compuestas por parte de hidrato de carbono y parte de aminoácidos, presentes en granos (y otros alimentos), que son nocivas para nuestro organismo y que no se pueden neutralizar completamente con ninguna preparación, aunque sí disminuir considerablemente. Las lectinas producen inflamación sobre todo a nivel intestinal, pero también en otros órganos de nuestro cuerpo. Son neurotóxicas, pudiendo dañar la fina mucosa que hace de barrera intestinal y destruir las células intestinales responsables de controlar la entrada de nutrientes en sangre y reguladoras del sistema inmune. A nivel intracelular son tóxicas y pueden alterar la reprogramación de la célula y el ciclo natural de muerte celular; desajustar y estresar al sistema inmune, debilitando y agotando nuestros sistemas de defensas; debilitar el sistema cardiovascular al alterar la reparación endotelial de los vasos sanguíneos y cardiacos, un posible motivo de enfermedades cardiovasculares.

De estas sustancias, el trigo contiene un 69% de alfa gliadina, lo mismo que la espelta y el kamut, el maíz contiene un 55% de zenina, el sorgo un 52% de carifina, la cebada contiene un 49% de hordenina, el centeno un 40% de secalina, el mijo un 40% de panicina, la avena un 25% de avenina, el tef un 12% de prolaminas, el arroz un 5% de orzenina. Comer cereales no es necesario, pero si decides incluir cereales en tu dieta, lo mejor es hacerlo en poca cantidad y ocasionalmente, teniendo en cuenta esta breve lista que nos indica los que presentan menor cantidad de problemas, destacando el arroz integral como la mejor opción. Por otra parte, se trata de uno de los cereales que más se ha resistido a la manipulación agrícola con éxito desde la revolución del Neolítico. (Datos obtenidos de PubMed.gov, US National Library of Medicine National Institutes of Health, http://www.ncbi.nlm.nih.gov/pubmed/.)

de cereales germinados igual no serían aptos para una persona alérgica al gluten —sobre todo porque puede escaparse algún grano que no haya germinado correctamente— pero sí para una persona tan solo intolerante.

Estas no son las únicas ventajas de los panes vivos a partir de diversas semillas. Al cocinar los cereales (ingrediente base del pan común no crudo) a temperaturas muy superiores a los 40 °C no solo se desvitalizan y se destruyen nutrientes y enzimas, sino que se modifican químicamente y se generan toxinas que no contribuyen al mantenimiento de nuestra salud. Estas mismas sustancias también se generan en cocciones muy prolongadas —como en el dextrinado— aun a temperaturas bajas por encima de los 40 °C.

Para preparar nuestros panes vivos, en vez de cocinarlos a altas temperaturas, utilizaremos un deshidratador con termostato que nos permita graduar la temperatura a un máximo de 40 °C, para así preservar los nutrientes y enzimas de los alimentos. Los deshidratadores son aparatos sencillos con forma de horno que funcionan con un ventilador o más, o con un termostato y un temporizador los modelos más avanzados. Gracias a la circulación del aire caliente se consigue que se evapore el agua de los alimentos, que distribuimos en el deshidratador en bandejas horizontales. Aunque los tiempos de deshidratación son muy largos, imitando el proceso de secado al sol, el consumo de un deshidratador no es costoso y están muy lejos de consumir tanta energía como un horno convencional.

Los tiempos de deshidratado para muchos de los panes que te propongo son largos, desde un par de horas hasta cuarenta y ocho o más —dependerá del grosor de los panecillos— y, al ser las temperaturas bajas, se favorece una fermentación bacteriana leve que, aunque no es buscada sino encontrada, contribuye con un sabor muy especial y con la mejora del perfil nutricional de los ingredientes. La fermentación también contribuye a la eliminación o reducción de fitatos y otros antinutrientes, reduce el índice glucémico, contribuye en la transformación de los almidones en azúcares de fácil asimilación —transformación que iniciamos con la activación, la germinación y el brotado—, contribuye a la producción de lisina, un tipo de aminoácido que no suele estar presente en los cereales, y a la transformación de las proteínas aportadas por las semillas de manera natural en aminoácidos de fácil asimilación.

La fermentación convertirá nuestros panes en un alimento doblemente beneficioso para nuestra salud intestinal, por su aporte de bacterias naturales probióticas y por el efecto prebiótico de su fibra.

Los panes vivos observan todas las premisas en las que se basa la alimentación viva. Son un alimento, aparte de delicioso, altamente nutritivo, saludable, energético y digestivo de una metabolización limpia. Aunque laboriosos —que no difíciles— de preparar, son una opción excelente en una fase de transición hacia una alimentación viva y 100% fisiológica o, simplemente, un sustituto saludable, no adictivo, antioxidante, nutritivo y energético de los panes cocinados.

Siguiendo las pautas de preparación de alimentos según la alimentación viva, utilizaremos productos exclusivamente vegetales biológicos lo más integrales posible, no cocinaremos los alimentos, aunque se pueden calentar o deshidratar a temperaturas que no superen los 40 °C para conseguir texturas crujientes —galletas y *crackers*— o texturas más esponjosas —panes, o panecillos rústicos. También utilizaremos métodos naturales y ancestrales de preparación de alimentos que aumentan sus propiedades nutricias y los hacen más digestivos como la activación, la germinación, el brotado, la fermentación, el macerado.

A las personas acostumbradas a consumir pan en sus comidas, les cuesta abandonar este hábito no tan solo por la dificultad que supone cambiar una costumbre mantenida durante décadas, sino porque está demostrado que los cereales con gluten, base del habitual pan cocinado, son responsables —lo mismo que la caseína en los lácteos— de que, al digerirlos, se formen exorfinas en nuestro intestino, sustancias opiáceas responsables de la adicción a los panificados y otros preparados farináceos (pasta, repostería, desayuno de cereales...).

Todo en nuestro organismo está conectado, así que es lógico que, como denuncian muchos profesionales de la salud, las sustancias opiáceas presentes en muchos cereales sean capaces de influir no solo en el lugar donde estas se originan, interfiriendo en las funciones intestinales, sino en otros sistemas o favoreciendo el enlentecimiento mental, cosa que hace que muchos consumidores de cereales con gluten se vuelquen en el consumo de estimulantes (cafeína, teína, mateína, teobromina, taurina, azúcar, etc.) para compensar. Esto, lejos de mejorar el problema, acaba generando otros hábitos poco saludables, aunque socialmente muy arraigados y perfectamente aceptados.[5] Así es, el pan puede ser no solo adictivo, sino también favorecer el consumo de otros comestibles o bebestibles poco saludables y adictivos a su vez.

———

5 Si te interesa seguir investigando sobre los efectos de los cereales en nuestra salud, te recomiendo la extensa bibliografía del técnico en salud Néstor Palmetti. Al final de este libro encontrarás algunos de sus reveladores libros. También de interés es el libro *Cerebro de pan. La devastadora verdad sobre los efectos del trigo, el azúcar y los carbohidratos en el cerebro*, del doctor y neurólogo David Perlmutter. En su libro expone la relación entre el abuso de ciertos comestibles contemporáneos y la existencia de muchas de las enfermedades degenerativas de hoy día. Aunque la bibliografía existente en línea con los estudios de estos dos autores es extensísima.

Activar, germinar, brotar: el despertar de la vida

«Decía Bernardo de Chartres que somos como enanos a hombros de gigantes. Podemos ver más, y más lejos que ellos, no por la agudeza de nuestra vista ni por la altura de nuestro cuerpo, sino porque somos levantados por su gran altura.» 1159, *Metalogicon*, JUAN DE SALISBURY.

«El mundo natural es bello, pero complejo. Los cielos bailan con color. Formas de gran belleza geométrica se forman y desaparecen. Y el planeta mismo se transforma constantemente. Pero esta complejidad aparentemente infinita es la sombra de algo más profundo, las leyes subyacentes de la naturaleza. El mundo en el que vivimos es bello de ver, pero aún más bello de entender.»
2016, *Forces of Nature*, PROFESOR BRIAN COX.

Los cereales crudos sin germinar —los granos en general, legumbres, semillas y también tubérculos y raíces— contienen almidón, sustancia que solo la fisiología de los seres granívoros —los pájaros— es capaz de digerir. El ser humano —ser frugívoro— es incapaz de digerir el almidón en crudo, tóxico y nocivo para nosotros y fuente generadora de mucosidad. Para las plantas, el almidón es un depósito natural de nutrientes concentrados que se desdoblará en los azúcares necesarios para el desarrollo inicial de la futura planta en cuanto se active su fase de crecimiento y, mientras esto no suceda, es un tóxico para los predadores animales, es la manera en que la semilla se protege para perpetuar su especie.

Antiguamente, nuestros antepasados utilizaban granos frescos en los que los azúcares aún no se habían convertido todos en almidón (como sucede hoy en día con los guisantes, habas y judías verdes frescos que encontramos en el mercado). Sin embargo, hoy lo usual es dejar madurar el grano y dejarlo secar para poder almacenarlo largos períodos de tiempo. A la hora de utilizar estos granos secos, lo imprescindible sería germinarlos siempre, ya que es una de las maneras más efectivas, conscientes y nutritivas de transformar el almidón de reserva de las semillas en azúcares asimilables. En el germinado también se activan enzimas alimentarias en las semillas que ayudan a su futura digestión y nos evitarán tener que producir un extra de enzimas digestivas (amilasa) salivares y pancreáticas para su metabolización.

El proceso de germinación y crecimiento de las semillas, preparación clave en la mayoría de las recetas de este libro, aparte de transformar los almidones en azúcares asimilables también dotará a los germinados de antioxidantes, de los que carece la semilla sin germinar, al tiempo que aumentará su valor nutritivo de manera exponencial. Así que podemos consumir cereales ancestrales en crudo en pequeñas cantidades —el gluten y el almidón transformados y los antinutrientes desactivados— solo cuando hayan brotado, preferiblemente cuando tanto la raíz como el brote doblen como mínimo en tamaño a la semilla original y mejor aún si la raíz es de cinco a seis veces el tamaño de la semilla. Posiblemente, en ese estado el brote ya sea una pequeña plántula.[6] Germinar cereales en casa es muy sencillo. Primero se activan las semillas (se conoce como activación el proceso de remojo de las semillas y su posterior lavado). Para ello hay que lavarlas con abundante agua de calidad, luego se dejan en remojo en agua de calidad (filtrada, de manantial) generalmente entre ocho y doce horas y más tarde se enjuagan bien. Después se colocan en un colador distribuidas en una capa de un grosor máximo de uno a dos centímetros para que puedan airearse y no se pudran o se genere moho, y el colador suspendido en un bol y tapado con un paño de algodón limpio. Se lavan unas dos o tres veces al día con agua de calidad preferiblemente tibia. Al cabo de una o dos semanas, dependiendo de la temperatura ambiente y de la vitalidad de la semilla, ya tendremos los brotes listos para preparar panes crudos llenos de vitalidad. Si queremos germinar trigo sarraceno, que es un pseudocereal y no contiene gluten, primero lo lavaremos, lo activaremos remojándolo en agua de calidad durante quince minutos solamente para evitar moho o podredumbre durante el proceso de germinación, y luego procederemos a la germinación y brotado con el método del colador.

Si has hecho tus pinitos en la germinación de semillas, seguro que sabes que se aconsejan diferentes métodos y recipientes para los diferentes tipos de semillas. El método del colador funciona con todas las semillas, de las mucilaginosas a las más grandes o más pequeñas, siempre y cuando la malla del colador sea suficien-

---

6 Para consumir cualquier alimento rico en almidón si no se germina o se fermenta se requiere cocinarlo al vapor un mínimo de treinta minutos, hasta que se transformen en azúcares asimilables por nuestra fisiología. En este sentido, uno de los mayores errores, común hoy día, es no cocinar los copos de avena para el desayuno cuando hay prisa —como recomienda mucha gente del mundo *healthy*—, o para preparar harinas y masas de repostería en un abrir y cerrar de ojos —desafortunadamente, muchas recetas *pseudoraw food* para repostería caen en este poco saludable uso de la avena. Y aunque los copos que ya compramos envasados no sean elaboraciones crudas (están chafados, ligeramente tostados, sometidos unos minutos al vapor y deshidratados), requieren de remojado de varias horas, lavado y cocinado de unos treinta minutos a fuego lento antes de consumirlos para el correcto desdoblamiento de sus almidones. De hecho, estos son los pasos tradicionales para la elaboración de un *porridge* digestivo y energético; sin prisas, pero con consciencia. Otra moda con el mismo grado de inconsciencia en el preparado de los almidones son los cereales y pseudocereales hinchados que incluso comercializan muchas marcas de producto biológico que se autodefinen como saludables. Estos cereales «divertidos» pensados para los que tienen prisa no están cocinados como debieran, sino preparados con diversos métodos de tecnologías muy sofisticadas que incluyen el sometimiento repentino de los granos a temperaturas elevadísimas, de hasta 300 ºC, o bien se les ha inyectado aire a través de una vaporización explosiva al aplicarles calor repentino y alta presión atmosférica. Sea cual sea el método, el resultado es una semilla desnaturalizada y extrusionada, que ha ganado de manera artificial de dos a cinco veces su volumen original, que ha perdido su estructura, su agua biológica, cuyas proteínas y aceites (entre ellos omegas saludables) han sido desnaturalizados y que nuestro organismo ya no reconoce como algo familiar.

temente fina como para contenerlas. Así que con boles y coladores no te hace falta más, y tendrás menos artilugios acumulados en la cocina.

El verano o las temperaturas elevadas no son amigos de la germinación en general, y es el final de la primavera la fecha límite recomendable para poder germinar sin contratiempos en nuestra cocina a temperatura ambiente. Con el calor, muchas semillas no germinan del todo bien y surgen moho y hongos antes o durante la aparición de las primeras raíces. Cuidado, hay semillas que empiezan a germinar con múltiples microrraíces que parecen vellosidades blancas, no las confundas con moho; enjuágalas y si las vellosidades blancas se quedan es señal que son raicitas que en unos días se convertirán en raíces más poderosas.

No todas las variedades de granos germinan igual. En el caso de la avena, por ejemplo, no basta con conseguirla integral, necesitamos comprarla con la cascarilla externa, es mucho menos común pero se suele encontrar en los herbolarios. Es una avena en grano alargada y negra, la venden así para hacer infusiones depurativas, aunque yo estas infusiones no las he probado, pero sí te aseguro que en un par de días después del remojo brotan con muchas ganas. La avena integral que se vende preparada para cocinar y no contiene esta cascarilla, de color marfil y más redondita, no germina; al desproveerla de la cascarilla, el germen que se ha de convertir en la futura raíz, y donde se almacena gran cantidad de nutrientes, queda dañado, evitando así su germinación; pero sí podemos activarla. Algo parecido ocurre con los arroces integrales que encontramos en la tienda, siendo el arroz *nerone* una variedad que germina con mucha facilidad. Para el trigo o el centeno, utilizaremos variedades ancestrales que se venden exclusivamente para la germinación. Es de vital importancia que siempre utilicemos semillas de cultivo ecológico, ya que es en la piel y en las semillas de los vegetales y frutas donde mayor concentración de tóxicos encontramos cuando se trata de agricultura no ecológica, aunque a veces también se aplican sustancias químicas a las semillas para asegurar su mayor tiempo de conservación en las estanterías de las tiendas.

Es aconsejable comprar semillas específicas para germinar si quieres tener el éxito asegurado, son semillas más vitales y jóvenes que las que se suelen vender para cocinar. Aunque no es mala idea tampoco probar de germinar las semillas que no se venden con este fin, de esta manera conocerás la calidad y vitalidad de los productos alimentarios que tienes a tu alcance. Cuando decidí llevar una alimentación natural y vitalizante hace ya muchos años, una de las primeras cosas que hice fue empezar a germinar todas las semillas, aunque no fuesen especiales para germinar, con el fin de comprobar la vitalidad que realmente tenían. Las semillas que no germinaban ya no las volvía a comprar. Intentaba germinar todas las semillas, las de la fruta también, y así también podía comprobar su estado de madurez: si las frutas se recogen antes de tiempo la semilla no tuvo tiempo de formarse y no contiene la información suficiente para poder germinar.

Los germinados para nuestros panes los podemos añadir a la receta frescos o podemos deshidratarlos y guardar en botes de vidrio bien cerrados durante meses y molerlos para preparar harinas en el momento que decidamos hacer el pan. Así nos evitamos el lento y delicado proceso de germinación cada vez que queramos preparar un par de panecillos.

Los cereales y pseudocereales germinados no son la única base de los panes vivos. También se pueden elaborar con otras semillas preferiblemente activadas y/o germinadas —girasol, calabaza—, con frutos secos activados —almendras, nueces, nueces de Brasil, avellanas, piñones—, con hortalizas o con frutas y condimentados con hierbas aromáticas, algas, flores, setas, etcétera.

En verano, podemos deshidratar nuestros panes al sol si disponemos de un lugar lejos de la polución de la ciudad. Así lo hacían ya los esenios, comunidad judía del siglo II a.C. que basaba su dieta en el consumo frugal de verduras, hojas, frutas, semillas y germinados, todo crudo. Nuestros deshidratadores contemporáneos imitan este proceso de secado natural al sol y la suave brisa es sustituida por el aire que hacen circular sus ventiladores.

Si queremos comprar un deshidratador, pero no estamos seguros de si le vamos a dar mucha utilidad, existen deshidratadores económicos y sencillos con termostato que son más que suficiente para elaborar nuestros primeros panes y otras recetas con deshidratados. Aunque lo ideal sería que nuestro deshidratador también tuviese temporizador, ya que como los tiempos de deshidratación son muy largos no siempre vamos a poder estar pendientes de parar el proceso según corresponda.

Hay quien también utiliza el horno para deshidratar dejando la puerta entreabierta. Pero el resultado no es el mismo, generalmente no siempre se puede bajar la temperatura hasta 40 °C. En un horno, el aire no circula como en un deshidratador incluso cuando se trata de los hornos más modernos con función de deshidratación, y hay quien incluso coloca un ventilador al lado de la puerta entreabierta para hacer circular el aire en su interior, y aun así no es lo mismo, ya que el deshidratador está diseñado para que la humedad de los alimentos se evapore de manera eficaz, mientras que el horno tiende a mantenerla. Otra desventaja es que los hornos son aparatos que consumen mucha electricidad; elaborar nuestros panes en un horno convencional, sin opción de deshidratado, sería un proceso caro y con mucho gasto energético.

Una vez hayamos preparado nuestros panes, los podemos guardar en la nevera en recipientes de vidrio con tapa entre cuatro y siete días. Dependiendo de los ingredientes y de su grado de humedad, puede que la fermentación continúe en la nevera. Entonces, el sabor del pan se puede volver ligeramente picante o ácido, sabores totalmente normales en el proceso de fermentación. Aun así, estos panes son perfectamente comestibles y saludables, y hay a quien le parecen más deliciosos, algunos adquieren un suave sabor trufado. Si nos ocurre que nuestros panes siguieron fermentando tras unos días en la nevera, los podemos cortar en rebanadas y deshidratar unas horas al gusto y el sabor picante o ácido se suavizará. Si deshidratamos nuestros panes a rodajas durante muchas horas (según el gusto personal), obtendremos una nueva versión crujiente tipo biscote que podremos también guardar en recipientes de vidrio con tapa durante semanas o meses; tendrás que asegurarte de que no estén húmedos, para evitar que se forme moho con el tiempo.

Si los guardamos en la nevera, antes de consumirlos los colocaremos de nuevo en el deshidratador entre treinta y sesenta minutos para quitarles el frío y devolverles el sabor más intenso y la textura más suave del alimento tibio.

Utilizaremos nuestros panes para acompañar nuestras comidas de la misma manera que los panes no crudos. Serán panes más pequeños, panecillos de unos diez centímetros de diámetro más o menos para facilitar la deshidratación. También podemos hacer minibocadillos o cortarlos en rebanadas para untar con aceite de oliva, mayonesa crudivegana, alioli, aguacate chafado o algún paté crudivegano rico y saludable.

———

Quesos vegetales: ¿son realmente quesos si no se preparan a partir de lácteos animales?

«Las abejas reina y las abejas obreras son idénticas genéticamente; sin embargo, las abejas reina ponen unos dos mil huevos al día, mientras que las obreras son funcionalmente estériles. Las reinas viven hasta tres años. Las obreras pueden morir a las tres semanas. Lo que explica estas diferencias es la alimentación. Cuando la reina de la colmena está a punto de morir, las abejas nodriza eligen a una larva y la alimentan con una sustancia secretada llamada jalea real. Cuando la larva ingiere la jalea, se activa la enzima que hasta el momento había bloqueado la expresión de los genes reales. Y así nace la nueva reina.»
2015, *Comer para no morir*, DR. MICHAEL GREGER.

Al igual que las leches y los yogures vegetales, los quesos vegetales pueden prepararse a partir de diferentes bases. Según los ingredientes y los métodos de preparación, pueden ser cocinados o crudos. Estos últimos son típicos de la cocina de la alimentación viva o *raw living food,* no se elaboran con ingredientes refinados ni procesados y no se someten a temperaturas superiores a los 42 °C para no desnaturalizar sus ingredientes y para preservar los nutrientes al máximo.

Hay a quien le choca que se utilice el término *queso* para designar un preparado donde no interviene la leche de un mamífero.

De hecho, la palabra *queso* alude a una preparación alimenticia de sabor más o menos ácido y consistencia más o menos cremosa que se obtiene de la lactofermentación de la leche. En algunos quesos se utilizan también mohos e incluso levaduras. El proceso de fermentación permite cambiar las propiedades organolépticas de los lácteos y aumentar su durabilidad; los primeros quesos fueron una manera efectiva de guardar el alimento a lo largo de días, semanas y meses. Posteriormente, estas elaboraciones fermentadas pueden someterse a otros procesos de maduración o curado, frotado o lavado, afinado, etc. Pero la base común es que la leche se fermenta con lactobacilos, que también se encuentran en el reino vegetal.

Desde este punto de vista, podríamos llamar queso perfectamente a las elaboraciones presentes en este libro y otras elaboraciones fermentadas a partir de leches vegetales que encontramos hoy día en el mercado, siempre y cuando consideremos como leche la materia prima de la que partimos. Así que quizá la pregunta pueda ir más allá: ¿se pueden llamar leche las leches vegetales?

El término *leche* significa bastantes cosas más que el alimento nutritivo que las hembras mamíferas producen para alimentar a sus crías. Desde acepciones más coloquiales, hasta las bebidas vegetales, pasando por las leches en cosmética, se utiliza la palabra *leche* con diversos significados.

La Real Academia de la Lengua Española recoge de manera oficial nueve significados para *leche*, la tercera recogida en su diccionario reza así: *3. f. Jugo blanco obtenido de algunas plantas, frutos o semillas. Leche de coco, de almendras.*

Como *leche* (vegetal) consta como término recogido en el diccionario oficial de la lengua, quiere decir que hace mucho tiempo que existen estas leches. Recuerdo que de niña la leche de almendras se compraba en farmacias y herbolarios como una especie de suplemento alimenticio natural, o como sustituto saludable para personas con colesterol LDL alto, o como sustituto de la leche animal en caso de problemas digestivos o mucosidad.

Así que si quieres llamar leche a tu bebida vegetal, es 100% correcto, 100% ético, 100% saludable, 100% delicioso. Del mismo modo que si la denominas bebida vegetal, e incluso *horchata*, otro término completamente correcto para designar a las leches vegetales elaboradas con frutos secos, semillas y granos en general y tubérculos. Tú eliges.

Desde mi humilde punto de vista, el lenguaje es una herramienta comunicativa y creativa, está vivo y evoluciona con la necesidad de expresar ideas, conceptos, emociones. A nosotros, los que queremos mejorar y ayudar en el cambio ético también a través de la alimentación, nos va muy bien poder jugar con el lenguaje y proponer alternativas y nombres en la dieta que sean familiares y que se relacionen enseguida con alimentos, experiencias y emociones asociadas a antiguas dietas menos éticas, menos sostenibles y menos saludables para acercar a un público menos familiar una alimentación ética, natural y saludable basada solo en plantas.

A mí, sinceramente, me gusta más el término *leche* (u *horchata*) que *bebida vegetal*. Si pienso en bebida vegetal me vienen un montón de ideas y asociaciones a la mente, y ninguna relacionada con una bebida blanca, dulce y nutritiva que me remonta a una infancia feliz. Así que les voy a seguir llamando leche a mis leches vegetales (excepto a la horchata de chufa, que a estas alturas el nombre me resuena tanto que no se lo cambiaré por leche de chufas); de la misma manera seguiré llamando yogures y quesos a los preparados fermentados como los que encontrarás en este libro.

En definitiva, el queso vegetal es un queso sin lácteos animales destinado al consumo de personas que, por motivos morales, no consumen productos de origen animal o personas que, por cuestiones de salud, intolerancia o alergia, quieren evitar el consumo de estos productos animales.

Estos sustitutos e imitaciones pueden parecerse mucho a sus homólogos no vegetales, llegando a fundirse con el calor o permanecer firmes como los quesos maduros o secos e, incluso, se pueden rallar. Aunque suelen tener características diferentes como el punto de fundido, la textura o el sabor, cada vez son más convincentes los resultados obtenidos por algunos chefs o profesionales que se dedican a la elaboración de este producto alimentario de reciente historia.

La ventaja es que están libres de colesterol y son una buena fuente de micronutrientes —minerales, vitaminas, oligoelementos— y macronutrientes —proteínas, carbohidratos, grasas saludables—. Son alimentos densos, pero menos densos que las semillas y frutos secos que se puedan utilizar en su elaboración, por estar rehidratados y porque están fermentados y son menos calóricos que los lácteos. Los quesos vegetales se pueden elaborar de diversas maneras, dependerá también de si se preparan con cocción o no, o del nivel de pureza de nuestra despensa. Se pueden preparar con productos derivados de la soja (tofu sedoso o firme, leche o yogur de soja), con leche de arroz o de avena, o con leche, pasta o yogur de frutos secos y/o semillas remojados. Estos últimos pueden ser elaborados con cocción de algunos de sus ingredientes o bien crudos —quesos crudiveganos—, que son de mayor calidad gracias a la ausencia de añadidos nada saludables. Se consumen en pequeñas cantidades y lo ideal es acompañarlos de una gran ensalada verde con pocas mezclas para obtener un plato equilibrado y digestivo. Debido a sus diferentes contenidos en grasas y proteínas, no todas estas bases cuajan, emulsionan y fermentan de la misma manera. La base que mejor resultados da en este sentido es la soja —que debe siempre cocinarse—, que, en su formato de fermentado, sería la manera más saludable de consumirla. Aunque estos preparados no serían alimentos vivos —en este libro no se utilizan— y el consumo de la soja sin fermentar no es aconsejable.

Para conseguir firmeza y elasticidad sin afectar al sabor, en sus versiones no crudas hay quien utiliza ingredientes como almidones (de yuca o patata, de harina de arroz glutinoso, almidón modificado); gelificantes como agar, musgo irlandés (en crudo) o carragenato —componente gelificante extraído de esta última alga que resulta inflamatorio cuando se consume aislado—, espesantes o estabilizadores como las gomas (guar, xantana) o algunas semillas mucilaginosas, emulsionantes como la lecitina (generalmente, de soja aunque podría ser de girasol). Para conseguir cremosidad y firmeza se suelen añadir aceites como el de coco, ya sea en su versión virgen extra (cruda) con su peculiar sabor o en su versión desodorizada o refinada.

Sobre estos ingredientes, yo prefiero no utilizar más que los más puros y naturales; de esta larga lista, solo utilizaría el alga entera —nunca el carragenato—, las semillas mucilaginosas y el aceite de coco sin desodorizar. El aceite de coco desodorizado, aunque sea de extracción en frío como suele rezar en las etiquetas, se somete a temperaturas elevadas y a chorros de aire a presión, el resultado final es un aceite oxidado y sin sabor, y los aceites y grasas oxidadas son unos de los ingredientes más *proaging* que podamos incluir en nuestra alimentación.

Para iniciar la fermentación, un ingrediente clave y que añadirá un suave sabor a fermentado a tus quesos vegetales son los ácidos, que pueden ser naturales y saludables como el limón, el vinagre de manzana sin pasteurizar o el rejuvelac (agua fermentada a partir de brotes). Para añadir sabor adicional, se puede utilizar levadura nutricional, ajo, tomate seco, algas verdiazules (espirulina, chlorella, klamath), sal, chile, pimientas, hierbas aromáticas, especias, etc. Una vez obtenida la pasta fermentada, podemos elaborar diferentes quesos curados, lavados y afinados según nos dicte nuestra creatividad. También se pueden utilizar métodos de elaboración de quesos similares a los de la leche animal utilizando los mismos mohos, levaduras y bacterias que se pueden conseguir en negocios dedicados a la venta de insumos para la elaboración de quesos caseros. Yo tampoco soy partidaria del uso de levaduras y mohos extra, sobre todo porque nuestro sistema digestivo no está preparado para su correcta digestión, y pueden causar malestar intestinal y beneficiar la candidiasis, causante a su vez de otros malestares y problemas de salud.

Desde el punto de vista de la salud, los quesos vegetales, en especial los crudiveganos, más nutritivos, menos procesados y más naturales, son todo ventajas. Son alimentos muy completos, ricos en calcio, minerales, oligoelementos, carbohidratos, grasas saludables y vitaminas, sobre todo vitamina E, provitamina A, del complejo B y vitamina C. Son también alimentos muy proteicos, contienen todos los aminoácidos esenciales, proteínas que nuestro organismo no puede sintetizar y que debemos aportar a través de la dieta.

A diferencia de los quesos lácteos, no contienen péptidos opioides adictivos y constipantes que incrementan la permeabilidad intestinal y el estreñimiento, ni sustancias de difícil o imposible digestión (lactosa, caseína) que acaban en el flujo sanguíneo generando mucosidad, problemas respiratorios y desórdenes autoinmunes.

Con los quesos vegetales también evitamos el consumo de hormonas, virus, bacterias, pus y toxinas contenidos en los lácteos que son generadas por los productos antibióticos, pesticidas y desinfectantes asimilados por las reses fruto de la producción industrial. Por mucho que nos quieran vender los beneficios de los lácteos animales, poco o nada hay de beneficioso en los productos de la industria láctea contemporánea. Veámoslo con más detalle.

Desde el punto de vista de la salud, los quesos vegetales, en especial los crudiveganos, más nutritivos, menos procesados y más naturales, son todo ventajas. Son alimentos muy completos, ricos en calcio, minerales, oligoelementos, carbohidratos, grasas saludables y vitaminas, sobre todo vitamina E, provitamina A, del complejo B y vitamina C.

To milk or not to milk

«Nuestro Sol es una estrella de segunda o tercera generación. Todo el material rocoso y metálico sobre el que nos hallamos, el hierro en nuestra sangre, el calcio en nuestros dientes, el carbono en nuestros genes se produjeron hace miles de millones de años en el interior de una estrella gigante roja. Estamos hechos de estrellas.»
1973, *The Cosmic Connection: An Extraterrestrial Perspective*, CARL SAGAN

Si has optado por una dieta consciente y saludable, ya debes de saber que la leche de otros mamíferos no es un alimento fisiológico para el ser humano. No solo no la necesitamos, sino que no estamos preparados para digerirla bien, sobre todo en edad adulta, ya que no producimos las enzimas necesarias —lactasa— que permiten el desdoblamiento de la lactosa —un azúcar complejo presente de forma natural en la leche de todos los mamíferos: vaca, cabra, oveja, yegua, burra, camella, humana...— en azúcares simples que pueda absorber nuestro organismo: glucosa y galactosa.

Los bebés y los niños hasta los tres años aproximadamente, momento en el que finaliza el proceso de dentición y se pueden alimentar de manera autónoma, producen lactasa de manera natural para poder digerir la leche de la madre, su alimento natural. Tomar leche después de esta edad conlleva más problemas que beneficios, especialmente si es leche de otras especies, ideal para las necesidades de crecimiento de crías que no tienen nada que ver con los ritmos biológicos y las necesidades de la nuestra, ni neurológicamente, ni en peso, ni en tamaño, ni anatómicamente, ni esqueleto-muscularmente, ni intelectualmente...

La lactosa digerida parcialmente o no digerida pasará al intestino grueso donde alimentará a las bacterias de la microbiota; estas la descompondrán, generando sustancias que liberan gases y ácidos de desecho (hidrógeno, anhídrido carbónico, metano) y ácidos grasos de cadena corta que provocan desequilibrios y todos los síntomas de la intolerancia: distensión, dolores y/o malestar abdominal, diarrea, náuseas, gases.

Otro problema añadido al consumo de lácteos es la alergia a una o varias de las proteínas contenidas en la leche y en sus subproductos; muchos de los casos de estreñimiento crónico en niños y adultos son debidos a esta reacción alérgica a la proteína de la leche de vaca. La caseína, una de estas problemáticas proteínas, cuando es digerida por el estómago forma péptidos —lo mismo que el gluten—

que son transformados por las enzimas intestinales en una proteína llamada casomorfina de efecto opiáceo.[7]

Este efecto opiáceo desde un punto de vista evolutivo tiene sentido: la supervivencia de muchas especies, en especial de las mamíferas, se ha demostrado depender del mayor vínculo establecido por las crías con sus madres, que las alimentan en la infancia básicamente de la leche materna, el alimento perfecto que contiene todos los nutrientes que necesita el bebé y que ellas mismas producen. Este efecto opiáceo tiene también otro efecto secundario: el intestino aumenta su permeabilidad para dejar pasar a la sangre de manera más fácil el alimento que acaba de llegar. En el caso del bebé, esto es ideal, ya que el alimento que llega a los intestinos, si es la leche materna, es el que la naturaleza diseñó para él. Para el adulto, o para el infante al que no se le da leche de su especie, el caso es muy diferente, ya que esta permeabilidad tendrá lugar igual y dejará pasar a la sangre moléculas proteicas ajenas que no lo deberían haber hecho y que pueden llegar a confundir y debilitar profundamente nuestro sistema inmune y sus mecanismos de defensa y causar serios problemas respiratorios.

Es una recomendación muy frecuente la de consumir lácteos fermentados en vez de leche como un recurso nutritivo más seguro y beneficioso. Se nos suele explicar que, al fermentar, parte de su lactosa se transforma en ácido láctico y se forma lactasa, la enzima necesaria para poder metabolizarlos. Por este motivo la digestión de yogures, kéfir de leche y quesos suele ser más fácil que la de la leche sin fermentar. Pero la nociva caseína —sobre todo la vacuna, ya que la leche de oveja y de cabra contienen un tipo de proteína más similar a la de la leche humana—, no acaba de «predigerirse» completamente y así transformarse en aminoácidos asimilables; y los péptidos opioides aún se mantienen en los fermentados lácteos.

El doctor Norman Campbell asegura que esta proteína de los lácteos, la caseína, es uno de los más potentes procancerígenos a los que nos podemos exponer. El doctor Campbell, que aconseja alejar cualquier proteína animal de nuestra dieta para evitar sus potentes efectos nocivos, denomina a la leche «carne líquida» en un intento de dejar claro su potencial negativo y nos advierte de su efecto nocivo,

---

7 Son los mismos efectos que veíamos cuando hablábamos del consumo del gluten y la producción de exorfinas, péptidos opioides, en los intestinos; en ese capítulo te recomendaba la lectura de la extensa obra al respecto del técnico en salud Néstor Palmetti, te la vuelvo a recomendar aquí, en ella encontrarás todo lujo de detalles sobre los efectos de la ingesta de lácteos y su relación con nuestra salud; lecturas claves también a este respecto son *El estudio de China* del doctor Norman Campbell y *Comer para no morir* del doctor Michael Greger, obras de donde he extraído la resumida información incluida en este capítulo.

junto a las proteínas del huevo, la de las carnes terrestres y las marinas en ese orden de importancia. Según él, de todos, la leche y sus derivados son los peores comestibles que podemos consumir.

En su ampliamente documentado libro, **_Comer para no morir,_** el doctor Michael Greger analiza de manera extensa los efectos de los lácteos en nuestra salud. Apunta Greger que un problema añadido del consumo de proteínas animales, lácteos incluidos, es el calor de las preparaciones culinarias. Incluso a temperaturas por debajo de los 100 ºC en su cocción se producen tóxicos (aminas heterocíclicas) de potentes efectos dañinos para nuestra salud. El queso contiene, además, creatina, un ácido cuyo consumo resulta en la producción, por nuestro propio organismo, de aminas heterocíclicas genotóxicas.[8] A la hora de su digestión, continúa el doctor Greger, los lácteos, como las otras proteínas animales, se descomponen en los intestinos produciendo nuevas toxinas (sulfuro de hidrógeno, indoles, gas metano, amoníaco, histamina o nitrosamina) y una mayor cantidad de radicales libres, demandando de nuestro organismo recursos de otra manera innecesarios con el fin de desintoxicarnos de estos agresivos desechos metabólicos.

Afirma que en estos tejidos en descomposición también encontraríamos compuestos químicos muy dañinos como la espermina, la espermidina, la cadaverina o la putrescina que también se encuentran en diferentes comestibles y bebestibles de larga fermentación o, en importantes cantidades, en preparados por la acción de mohos como el queso azul, o el feta y los quesos de moho en general.

Añade a esto que la cantidad de proteína animal en la dieta contemporánea estándar —exceso en el que los lácteos tienen un papel protagonista— suele ser mucho más alta de lo que nuestro cuerpo necesita y puede gestionar sin debilitarse o enfermar y que, aunque al final el exceso de proteínas se excreta por la orina tras ser filtrada por los riñones, hasta que no llega este momento se somete al cuerpo a un estrés innecesario que acaba acidificando la sangre. Para neutralizar esta acidez nuestro organismo extrae calcio de nuestros tejidos: músculos, huesos, dientes. Esta sangre acidificada, sigue Greger, más nuestro propio calcio se vuel-

---

8 En genética, la genotoxicidad es la propiedad de algunos agentes químicos de dañar la información genética de una célula causando mutaciones. La alteración puede tener efectos directos o indirectos en el ADN, . incluyendo el daño o las mutaciones. Las células impiden la expresión de la mutación genotóxica mediante la reparación del ADN o la apoptosis; sin embargo, el daño puede no siempre ser reparado.

ven a filtrar en los riñones junto al exceso de proteína animal para ser excretados en forma de orina junto a grandes cantidades de agua vital. Al final, concluye, el aporte excesivo de calcio a través de la proteína animal en la dieta satura los riñones; e, irónicamente, su exceso también se acaba expulsando.

Sigue explicándonos el doctor Greger que consumir lácteos también nos expone a las hormonas producidas por los otros mamíferos explotados por la industria alimentaria, hormonas exógenas que la naturaleza no diseñó para el consumo humano: ni para su infancia, ni para su adolescencia, ni para su edad adulta. Por eso, el consumo habitual de lácteos está asociado a la aparición de desórdenes hormonales.

La última reflexión al respecto se la dedica el doctor Greger al consumo de grasas saturadas de origen animal. Aparte de estar también asociadas a desórdenes hormonales, en los productos lácteos altos en estas grasas, como los quesos, se encuentran residuos químicos ambientales capaces de bioacumularse —de concentrarse en el interior de los cuerpos de los seres vivos— en las grasas.

Así, quesos, mantequillas, natas, yogures y demás proteínas animales (huevos, pescado y carnes magras incluidas) concentran grandes cantidades de estos contaminantes ambientales que no podemos lavar antes de servirlos en el plato, ya que forman parte de las células mismas. Esto, escribe, explica las mayores concentraciones de xenoestrógenos[9] y compuestos organoclorados[10] en los consumidores de este tipo de producto.

---

9 Los xenoestrógenos son compuestos nuevos, diseñados y desarrollados por el ser humano —compañías industriales de agricultura y químicas— en el último siglo. Son diferentes de los estrógenos antiguos, arquiestrógenos, presentes en la naturaleza y producidos de manera natural por los organismos vivos (plantas, hongos, animales). Los xenoestrógenos, que imitan el efecto de otros estrógenos, son parte de un grupo heterogéneo de químicos que son agentes hormonales activos. Suelen tener un efecto acumulativo en los organismos vivos y pueden ser parte de un proceso de estrogenización del medio ambiente.

10 Los compuestos organoclorados son un grupo de pesticidas artificiales desarrollados para controlar las poblaciones de insectos plaga. Su origen se remonta a la fabricación del DDT —diclorodifeniltricloroetano— producido por primera vez en Alemania por la compañía Geigy en 1874. De ahí en adelante y durante décadas, estos compuestos han sido un arma química clave y casi ineludible en el control de enfermedades como la malaria, la fiebre amarilla, el tifus y otras infecciones causadas por insectos transmisores de estos patógenos. Este insecticida fue utilizado intensivamente en el siglo XX pero finalmente prohibido por sus efectos tóxicos dañinos para el sistema nervioso. Estos compuestos se acumulan en las cadenas tróficas y se prohibió su uso ante el peligro de contaminación de los alimentos; aun así, hoy en día, aunque ya no se utilicen estos químicos, siguen presentes en el medio ambiente y siguen afectando a muchas especies animales.

Los xenoestrógenos, afirma, tienen también efectos feminizadores en quienes los consumen, pero también lo tienen los estrógenos resultado natural de los diferentes procesos metabólicos de los animales cuya forma molecular y funcionamiento son idénticos en todos los animales.

Los productos lácteos, continúa, son los que más altas concentraciones de hormonas presentan. Uno de los motivos es que los animales productores de leche contemporáneos son forzados a producirla aun estando gestando, período en el que la creación de estrógeno alcanza los más altos niveles, siendo de esperar que el alto consumo, a través de los lácteos, de hormonas femeninas de otros mamíferos propias del embarazo y de la lactancia acabe desencadenando problemas hormonales en sus consumidores. A estas hormonas naturales se añaden también las inyectadas por la industria alimentaria de manera artificial para potenciar el crecimiento de los animales explotados y así rentabilizar el negocio.

Esto no ocurre con los alimentos de origen vegetal, asegura, cuyo metabolismo nada tiene que ver con el metabolismo hormonal de los animales, y cuyas «grasas» —semillas, frutos secos, frutas grasas como el aguacate o las aceitunas, aceites— no acumulan xenoestrógenos.

La lista de problemáticas que analiza el doctor Greger continúa: la mayoría de los productos alimentarios preparados contienen aditivos fosforados que no tienen por qué aparecer en las etiquetas de su envasado.

Estos aditivos pueden venir de los plaguicidas que se utilizan en la agricultura intensiva destinada a la cría animal y que acaban pasando a sus carnes, huevos o leche dependiendo de la especie. Pero también de fuentes como los leudantes añadidos para hacer panificados, los conservantes, los emulsionantes, los acidificantes como el ácido fosfórico, los saborizantes, los aromas... sobre todo presentes en la comida basura (*junk food*). Esta vez, estos aditivos no solo los encontramos en los lácteos, sino en la bollería y los panificados industriales y en muchos otros procesados.

Por si los productos de origen animal, expone, no fuesen aún lo suficientemente nocivos, son los que más contenidos de estos componentes fosforados digeribles contienen, estando los quesos a la cabeza de una larga lista.

En el caso de los quesos industriales, escribe el doctor Greger, también encontramos aluminio, uno de los más eficaces tóxicos contra la salud del cerebro y causa de riesgo para el desarrollo de enfermedades degenerativas como el alzhéimer. El queso, concluye, es la fuente número uno de aluminio en la dieta occidental estándar. Esto, dice, se debe a que muchos productores de quesos añaden sales de aluminio en su producción —algo completamente legal— porque reaccionan con sus proteínas alterándolas y resultando en un producto de textura suave, uniforme y cremoso a la hora de untar o cortar con el cuchillo.

En las últimas reflexiones, el doctor Greger examina las transformaciones que sufren los lácteos en los procesos de producción. De manera muy resumida, expone lo siguiente: en el proceso de manufactura primero se extrae la leche del animal a través de una máquina de succión permanentemente entubada a sus ubres;[11] esta leche recogida en las granjas se almacena en grandes tanques donde se remueve y se homogeniza para que no se forme una capa de nata en la superficie. En la homogenización, se somete la leche a un proceso mecánico en el que las partículas de grasa se rompen en otras mucho más pequeñas que se unen a partículas de oxígeno, homogenizándose para evitar la separación más tarde, pero también formando grasas hidrogenadas y oxidadas. Antes de ir al supermercado, se la somete, además, a procesos de pasteurización utilizando calor a altas temperaturas —en mayor o menor grado, durante más o menos tiempo— para evitar la propagación de gérmenes y bacterias.

La leche que se suele comprar en las tiendas y supermercados, nos asegura, no tiene mucho que ver con el producto natural que nuestros antepasados obtenían de los demás mamíferos. Los procesos industriales empleados para esterilizarla —pasteurización, uperización, deshidratación, evaporación...— y que no se eche a perder tan fácilmente aún empeoran el producto oxidando y enranciando sus grasas, alterando e incluso destruyendo proteínas, vitaminas, minerales, enzimas, etc. Por otra parte, escribe, resultado de la situación de estabulación y de la miseria de los métodos de explotación en la que se encuentran estos mamíferos, hormonas, químicos tóxicos, fungicidas, antibióticos, pus, materia fecal en diferentes proporciones son parte de los ingredientes legales de los lácteos que podremos comprar. Todo esto, por supuesto, es debidamente esterilizado con los procesos de sometimiento al calor que enunciaba más arriba.

---

11 El método de ordeñado habitual sobre todo en la industria bovina, el entubado, es el motivo por el cual los lácteos son los alimentos de origen animal que mayor cantidad de pHtalatos contienen, al contrario que la leche obtenida de ordeñar a mano. Los pHtalatos son compuestos químicos tóxicos derivados del petróleo y de amplia duración utilizados para mejorar o aumentar la flexibilidad y durabilidad de los plásticos, en la industria láctea se encuentran en los tubos de ordeñe, y sus tóxicos se bioacumulan en los lácteos con facilidad.

A pesar de toda esta evidencia, muchos de nosotros hemos crecido con la enseñanza inculcada de que una alimentación sin lácteos animales nos complicará la salud con deficiencias de calcio, vitamina D (necesaria también para absorber el calcio), riboflavina, proteínas e incluso otros minerales.

Quizá el calcio merezca que le dediquemos aquí unos párrafos, ya que desde bien chiquitos nos han bombardeado a diario con lo importante que es para la salud: calcio para huesos y dientes fuertes y sanos; y la propuesta, por supuesto, de consumir lácteos para subsanar cualquier carencia: lácteos para empezar el día, en la pausa del recreo o en el trabajo, en la comida, en la merienda, en la cena, de postre o de aperitivo, y un vasito calentito de leche antes de ir a dormir. ¿A quién no le suena?

Aunque la baja densidad ósea —y el consiguiente riesgo de osteoporosis— y la mala salud bucal no son los únicos síntomas de bajos niveles de calcio, también lo son los espasmos musculares, el entumecimiento, los calambres o las palpitaciones y la desorientación. Y es que el calcio es el mineral más abundante en nuestro organismo. Su presencia en sangre es vital e incluso de mayor importancia que para la salud ósea y dental, ya que desempeña una función clave en la coagulación. Es también un electrolito primordial para la musculatura, a la que ayuda en su función de contracción y relajación, así como para el cerebro, donde participa en el envío y recepción de señales nerviosas entre neuronas. Nuestro corazón —poderoso músculo— precisa de calcio para funcionar, igual que lo necesita nuestro sistema endocrino para la secreción de algunas hormonas. La osteoporosis, por otra parte, más que una patología de los huesos, es un signo de envejecimiento natural que podemos evitar con una alimentación saludable que nos ayude a equilibrar el estrés oxidativo y la inflamación, tomando el sol a diario y practicando ejercicio de manera regular.

Si realmente nos preocupa su presencia en nuestra dieta, mucho mejores fuentes de calcio son las semillas —el sésamo es muy rico en él—, los frutos secos, las verduras de hoja —ortiga, diente de león, acelga, espinacas— y otras verduras como el brócoli, el bimi, el kale, el bok choy, el repollo y la familia de las coles en general, por ejemplo, y cuyo porcentaje de absorción supera al de los lácteos y demás fuentes animales; con un superbono añadido: la fibra y su efecto prebiótico, los folatos, el hierro, los antioxidantes y la vitamina K —imprescindible para la salud ósea— presente en innumerables alimentos vegetales sin procesar.

Para la construcción del sistema óseo, tampoco basta solo con el calcio, sino que necesitamos otros importantes nutrientes en equilibrio (sin carencias, pero tampoco con excesos): minerales como fósforo, magnesio, manganeso, potasio, zinc, cobre, boro, silicio, flúor; vitaminas como C, D —que sintetizamos al exponernos a la luz solar, pero también presente en champiñones y si solarizamos las setas, las exponemos unos minutos al sol antes de consumir, el contenido en vitamina D aumenta de manera exponencial—, B_6, B_{12}, K —K_2, presente en el chucrut sin pasteurizar—, B_9, provitamina A; ácidos grasos esenciales (omegas 6 y 3) y proteínas no acidificantes como las proteínas de origen vegetal.

Respecto a los otros nutrientes que se asocian a los lácteos, existen muchas fuentes naturales y realmente saludables en el reino vegetal: verduras de hoja, coles, semillas, frutas y frutos secos, brotes, germinados, aceites crudos de primera prensada en frío, setas... Con una dieta consciente basada en plantas, alta en crudos —se recomienda un 70% mínimo— y exposición solar a diario nos aseguraremos el aporte de estos nutrientes.

Aunque no todo es añadir, sino también estar lo suficientemente saludable como para poder sacar partido de aquellos nutrientes que añadimos a nuestro plato: la salud óptima de la microbiota es también clave a la hora de asimilarlos. Los alimentos ricos en fibra (fibra vegetal natural no digerible, de efecto prebiótico) y los fermentados (las bacterias beneficiosas de los probióticos) tienen un impacto beneficioso en su salud y equilibrio. A la hora de obtener la fibra, la cosa es sencilla: la mejor estrategia es tomar cada día vegetales fibrosos en crudo; y a la hora de obtener probióticos, los fermentados vegetales son los reyes de la mesa.[12]

Para elaborar las deliciosas recetas de este libro, aprenderemos a fermentar semillas, la mayoría de las veces oleaginosas, o frutos secos. Hay quien rehúye el consumo de semillas oleaginosas y frutos secos en sus dietas, alegando que son demasiado ricos en grasas y que las grasas en la dieta no son nada saludables, vin-

---

[12] Es muy importante, sin embargo, que si compramos alimentos fermentados en la tienda nos aseguremos de que no hayan sido pasteurizados (visible en la etiqueta). Con la pasteurización, al aplicar calor a 70 ºC o más para conservar el producto más tiempo en los estantes de los supermercados, mueren las bacterias propias de la fermentación y se anulan sus beneficios. Así que es de rigor mirar bien la etiqueta; si no, simplemente es mucho mejor consumir vegetales frescos y de temporada, asegurándonos la ingesta de prebióticos generadores de vida y salud. Hay que ir con cuidado también con algunos productos probióticos no pasteurizados de sabor dulce, como algunas bebidas de fermentados, porque muchos tienen azúcar añadido después de la fermentación para hacerlos más atractivos al público, ya que baja la acidez del sabor típico de los fermentados naturales. Aparte de que los productos sean ecológicos, es muy importante el proceso mismo de la fermentación: muchos productores fermentan en recipientes metálicos y el ácido láctico producido de manera natural por las bacterias reacciona con los metales creando tóxicos. Pero como para muchas de las recetas que comparto en este libro contigo prepararemos fermentados, ojalá que te animes y decidas prepartelos tú mismo al calor del amor de tu propia cocina.

culándolas con conceptos negativos como el sobrepeso, la obesidad, el exceso de colesterol LDL, los problemas cardiovasculares y la enfermedad en general. Pero nada más lejos de la realidad. Sería muy interesante en este punto concienciarse de la importancia de las grasas de calidad en la dieta antes de demonizarlas, y todos los aceites contenidos en vegetales sin procesar son naturales y saludables.

Aunque estemos acostumbrados a utilizar el término grasas a diario, no siempre lo hacemos de manera correcta. Las grasas —elemento de origen animal— forman parte de un grupo biológico mucho más amplio y complejo, los lípidos, que, junto a minerales y proteínas, son importantes bloques de construcción de todos los seres vivos, animales y vegetales. Así que, afinando el uso del término, los lípidos de calidad no nos engordan ni nos enferman, lo que sí lo hace es una dieta no natural ni equilibrada con lípidos desnaturalizados.

En los animales, ser humano incluido, los lípidos también son reservas energéticas si no se combustionan ante una demanda de energía; así que las más de las veces es la vida sedentaria, y no el consumo —necesario— de estos nutrientes, la responsable del aumento de peso y, más aún, de que perdamos tono muscular y óseo, vitalidad, fuerza y energía. Los lípidos son elementos claves de órganos vitales como el cerebro o el sistema nervioso y de la formación de moléculas esenciales para nuestro organismo como el colesterol, las hormonas o los neurotransmisores y dan origen a algunos tipos de vitaminas —las liposolubles A, D, E, K, F. Tan importantes son que sin ellos y sus derivados metabólicos no sería posible la vida.

Los mamíferos disponemos de mecanismos para biosintetizar lípidos, pero otros los debemos incluir en la dieta, ya que no los podemos sintetizar; son los llamados ácidos grasos esenciales entre los que figuran los omegas 3 y 6 y que encontraremos en semillas, frutos secos y granos en general, algas, y también verduras, los ingredientes base que utilizaremos en las recetas de este libro.

Para elaborar las recetas, te recomiendo diversos métodos para hacer frutos secos y semillas más digestivos y también más nutritivos. Mejor no saltarse estos pasos, que es la costumbre de aquellos que encuentran pesada su digestión; ni excederse en su consumo: con un puñado al día es suficiente. Tampoco conviene hacer demasiadas mezclas en un mismo plato, simplemente acompaña los panes y quesos de este libro de una gran ensalada verde y verás que son pura bondad digestiva.

La carencia de minerales es otra de las amenazas clásicas para quienes hemos decidido no consumir lácteos animales de ningún tipo. Sin embargo, muchos autores —entre ellos se incluye el inspirador corpus del doctor Norman Walker— exponen que los minerales en nuestra dieta son solo asimilables si los consumimos en su forma orgánica —tal y como se encuentran en plantas y animales— y sin haber sido alterados o destruidos por manipulaciones no conscientes como las cocciones a altas temperaturas, el refinado industrial, el enranciamiento, la oxidación... Los minerales presentes en la corteza terrestre, explica el doctor Walker, en el agua mineral o en los suplementos químicos sintetizados en los laboratorios no son asimilables por el ser humano; al contrario, cuando los ingerimos nuestro organismo los registrará como cuerpos extraños, tóxicos y reactivos.

Mientras que las plantas son capaces de transformar los minerales inorgánicos en la corteza terrestre y en el agua mineral en minerales orgánicos a través de un complejo proceso que implica la fotosíntesis, los animales debemos incorporarlos en la dieta en su forma orgánica. Los minerales también los encontramos todos en el reino vegetal (plantas, frutos, semillas), ya sea en vegetales terrestres o acuáticos (las nutritivas algas, de agua salada o de agua dulce).[13]

Así que la receta final para una salud de hierro sería siempre incluir una gran variedad diaria de alimentos vegetales preparados de la manera más sencilla y natural posible, ojalá que sin procesar y crudos para preservar la calidad y diversidad de nutrientes necesarios para su asimilación sinérgica, el efecto prebiótico de su fibra y no generar tóxicos innecesarios en su preparación. En el fondo, ante tanta preocupación por la carencia de nutrientes en nuestra dieta, debiéramos preguntarnos desde otra perspectiva: ¿qué queremos? ¿Añadir nutrientes a nuestro plato o gozar de una salud inmejorable? Esta, para mí, sería la manera correcta de afrontar la verdadera riqueza nutricional, observando sobre todo la calidad de aquello que comemos, los factores que nos desprivan de su mejor absorción y los que la favorecen.

Ya sé que puede parecer un trabajo titánico, ante el que he podido comprobar que muchos se escudan tras expresiones del tipo «Es que la nutrición es un arte», como

---

13 A diferencia de los macronutrientes (lípidos, carbohidratos, proteínas), los minerales presentes en el interior de nuestros alimentos no sufren ningún cambio en la digestión antes de ser absorbidos. Simplemente, durante el proceso digestivo, el organismo los separa del resto de los componentes en los alimentos y se traspasan directamente a la sangre. Por eso, más que cantidad de minerales, como se nos ha hecho creer durante tiempo, es clave anteponer la calidad. Los minerales, aparte de ser imprescindibles bloques de construcción de nuestras células, desempeñan múltiples funciones en nuestra salud. De nuevo, te recomiendo la lectura de la generosa obra del doctor Norman Walker (puedes consultar la bibliografía al final de este libro), donde encontrarás información detallada al respecto y las fuentes vegetales con sus contenidos no solo en minerales, sino en aminoácidos esenciales y vitaminas claves para la alimentación más viva y vibrante.

quien quiere decir que la facultad de comprender los efectos de lo que nos enferma y lo que nos revitaliza es un don innato. Obvio que esto no es así. He visto a otros escudarse bajo la queja «Es que son todo contradicciones», y puede ser, puede ser que lo que algunos profesionales bien formados e informados afirmen contradiga los intereses de muchos sectores de las diferentes industrias, que desafortunadamente divulgan más a través de los altavoces del marketing y la publicidad.

Pienso que antes que amagarnos en exclamaciones y quejas acomodaticias y simplistas deberíamos sentirnos felices de querer tomar las riendas de nuestra salud e instruirnos mínimamente para poder decidir cómo cuidarnos a diario por cuenta propia, sin dejarnos llevar por modas absurdas —que también abundan en el mundo *healthy*— y, sobre todo, para poder cuidarnos y cuidar a nuestros seres queridos a través de gestos sencillos, pero cargados de significado como preparar los mejores alimentos de la mejor manera posible.

Si estás de acuerdo conmigo en esto, este libro seguro que te va a ayudar a entender «con las manos en la masa» muchas cosas que posiblemente antes no te habías planteado sobre la importancia de la vitalidad de los productos que forman parte de tu cesta de la compra, o del poder beneficioso y vitalizante de los métodos de preparación más respetuosos con los alimentos que forman parte de tu dieta y su efecto sobre tu salud y tu vitalidad.

Verás que mis recetas forman parte de una propuesta sin prisas, llena de vida, para disfrutar, para experimentar, para entender de nuevo el verdadero arte hoy olvidado de una alimentación no procesada y para reconectar con una nueva apreciación de la vida y los alimentos. Las recetas que forman parte de este libro no son recetas de una cocina lenta, aunque sé que te sorprenderá que afirme esto una vez conozcas más a fondo los métodos y tiempos de preparación. Es una cocina que fluye con el ritmo de la vida y el del amor que le quieras dedicar, un ritmo que parece que hayamos olvidado en nuestro mundo ajetreado y estresado donde tantas cosas importantes, sencillas y vitales se han ido diluyendo.

Espero que disfrutes de este pequeño universo no solo cargado de salud y vitalidad, sino de la belleza propia de la naturaleza. Ojalá que también puedas leer en las pulsaciones vitales de cada proceso, de cada preparación, de cada elaboración, de cada ingrediente, el significado de las palabras que has leído ya hasta aquí. Aquí empieza tu nuevo reto.

Bon voyage!

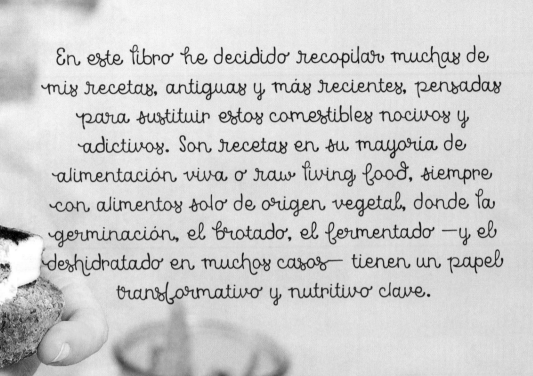

En este libro he decidido recopilar muchas de mis recetas, antiguas y más recientes, pensadas para sustituir estos comestibles nocivos y adictivos. Son recetas en su mayoría de alimentación viva o raw living food, siempre con alimentos solo de origen vegetal, donde la germinación, el brotado, el fermentado —y el deshidratado en muchos casos— tienen un papel transformativo y nutritivo clave.

RECETAS

SOBRE LAS MEDIDAS

La mayoría de las medidas de este libro están indicadas con tazas y cucharas según el sistema americano. Cada medida indica el volumen del ingrediente utilizado y tiene un correspondiente estándar en mililitros. Trabajar con volúmenes como método de medida es muy sencillo para organizarte en la cocina en casa, bien utilizando tazas y cucharas medidoras que encontrarás en cualquier tienda de insumos para cocina, o bien utilizando jarras medidoras comunes entre los utensilios de cocina.

En la cocina profesional en Europa, estas medidas se suelen hacer en gramos, lo cual es ideal para controlar al máximo el resultado final de la receta y los gastos correspondientes a cada elaboración, algo imprescindible en la cocina profesional.

En ocasiones, cuando el ingrediente no se presta a ser medido en volumen, como en algunas semillas, frutos secos, frutas y verduras, se indica la cantidad en gramos.

Equivalencias

Tazas (T)

1 T – 250 ml
$^1/_2$ T – 125 ml
$^1/_3$ T – 80 ml
$^1/_4$ T – 60 ml

Cucharas soperas (C) y cucharas pequeñas (c)

1 C – 15 ml
$^1/_2$ C – 7,5 ml
1 c – 5 ml
$^1/_2$ c – 2,5 ml
$^1/_4$ c – 1,25 ml
$^1/_8$ c – 0,625 ml

TÉCNICAS DE PREPARACIÓN DE ALIMENTACIÓN VIVA Y UTENSILIOS

Activar, germinar, brotar

La activación, la germinación y el brotado de semillas son las maneras más efectivas de consumir este alimento. Cada una de estas palabras describe una fase en el desarrollo del ciclo de la vida de las semillas mediante el remojo e hidratación con agua, el crecimiento del germen o raíz y el brotado de las primeras hojas de la plántula capaces de producir clorofila al ser expuestas a la luz.

El activado de las semillas se lleva a cabo remojándolas, y así hidratándolas, en agua de calidad un determinado número de horas, en general, entre ocho y doce horas. Se trata de una práctica que aumenta los beneficios de estos alimentos por diversas razones:

1) **activamos el ciclo de vida de la semilla**, que hasta ahora ha estado dormida, en un estado de vida latente, cosa que aumenta de manera exponencial el número de nutrientes de la semilla;

2) al remojar, **rehidratamos, lavamos y eliminamos gran parte de los inhibidores de enzimas**, elementos químicos naturales y tóxicos que forman parte de todas las semillas (secas) y que tienen la doble función de protegerlas de sus predadores y de evitar su crecimiento en condiciones no propicias (por ejemplo, ante la ausencia de agua);

3) **eliminamos parte de los aceites**, especialmente interesante en los frutos secos, ya que minimizarlos favorece el funcionamiento de nuestro hígado y nuestro páncreas;

4) para crecer, las semillas necesitan utilizar también el almidón almacenado y transformarlo en carbohidratos, con lo que **neutralizamos el efecto tóxico en nuestro organismo de los almidones** y,

5) en el caso de **los cereales con gluten, al germinar, este se reduce considerablemente y se transforma en una sustancia mucho más digestiva y menos nociva** al quedar anuladas en su mayoría las lectinas. No serían aptos para una persona alérgica al gluten —sobre todo porque puede escaparse algún grano que no haya germinado correctamente— pero sí para una persona tan solo intolerante.

Las semillas se pueden germinar de muchas maneras dependiendo del tipo. Un método que a mí me funciona en casi todos los casos es el del colador. Primero se remojan las semillas durante las horas necesarias (en general, entre ocho y doce horas), habiéndolas lavado antes con abundante agua tibia de calidad. Luego se colocan en un colador de malla fina y se deja el colador suspendido dentro de un bol, que no toque el fondo, tapado con un paño de cocina limpio de algodón. Se dejan las semillas en un lugar tranquilo, aireado y seco en la cocina donde no dé el sol de manera directa. A partir de ese momento ya solo hay que esperar a que las semillas crezcan, sin olvidarnos de lavarlas una vez cada doce horas más o menos con agua tibia.

En el caso de algunas semillas mucilaginosas, como el trigo sarraceno, el lino o la chía, es conveniente que el remojo sea de un tiempo bastante menor: con unos quince minutos basta. En el caso del trigo sarraceno, si las remojamos mucho más tiempo y luego las lavamos, acabaremos lavando el mucílago, una capa viscosa que envuelve la semilla y absorbe el agua al remojarlas, y es muy probable que la mayoría de las semillas se pudran durante el proceso posterior de germinación.

Las semillas mucilaginosas favorecen el tránsito intestinal, son hidratantes y energéticas. Si se quiere germinar semillas mucilaginosas, el método del colador funciona muy bien. Como cada semilla es diferente, necesitan diferentes tiempos de activación, germinación, brotado; diferentes temperaturas e incluso diferentes métodos (colador, bolsa de tela, bote de vidrio, tierra); aunque las premisas que doy aquí suelen funcionar en casi todos los casos.[14]

Puede ocurrir que en alguna ocasión aparezca moho en las semillas durante el proceso de germinación y/o brotado. Esto puede ser debido a un excesivo tiempo de remojo, a que los recipientes utilizados no estén escrupulosamente limpios, o a las altas temperaturas, especialmente en épocas de calor (en estas épocas se puede activar a temperatura ambiente y germinar en la nevera, aunque es mucho más lento), a la falta de lavados (hay que lavar las semillas de dos a tres veces al día para evitar el crecimiento bacteriano y para rehidratar) o a la falta de oxígeno (si tapamos el bol o recipiente de manera que el interior no se oxigene).

---

14 Si quieres tener una idea más exacta de los diferentes tiempos de activación, germinado, brotado y temperaturas ideales, en mi libro *Raw Food Anti-aging. La cocina de la longevidad; salud, vitalidad, consciencia y belleza,* publicado con Ediciones Urano, encontrarás una tabla biogénica que incluye las semillas más utilizadas en alimentación viva con sus diferentes tiempos y las temperaturas que más las benefician.

A la hora de germinar cereales es importante que los compres integrales y con la cascarilla, ya que en el proceso de descascarillado se suele dañar el germen y las semillas pierden su vitalidad. Esto es especialmente importante en el caso de la avena, el cereal más delicado. Las semillas de avena que se encuentran en las tiendas de alimentación suelen venderse sin la cascarilla exterior negra, esta no germinará. En los herbolarios la puedes encontrar con la cascarilla negra, se vende para hacer infusiones depurativas; esta avena germina con toda la fuerza de la naturaleza.

En las tiendas encontrarás cereales especiales para la germinación, no llevan ningún tipo de protector químico, antifúngico, etc. y son más jóvenes y germinan mejor que las que están envasadas pensando en la cocción.

En las recetas de panes de este libro donde se utiliza harina de cereales o pseudo-cereales germinados, he utilizado este método del colador siempre con éxito. Estas harinas están elaboradas a partir de los brotes, es más bien una harina de «pasto» que de solo granos. Suelen tardar en crecer entre dos y tres semanas, dependiendo de la temperatura ambiente, y considero que el brote está listo cuando la plántula tiene una altura de unos seis a ocho centímetros. Cuando tienen ese tamaño, las lavo y las saco con cuidado de la rejilla o colador —para no dañar la raíz, que también es comestible— y las deshidrato a 38 ºC durante unas veinticuatro horas o hasta que estén completamente secas. Luego las guardo en botes de vidrio con tapa hasta el momento en que las necesite para preparar la harina; para hacerlo las muelo utilizando una batidora de vaso potente. Se pueden guardar así durante meses. Prefiero no molerlas y guardar la harina para evitar la oxidación propia de la molienda.

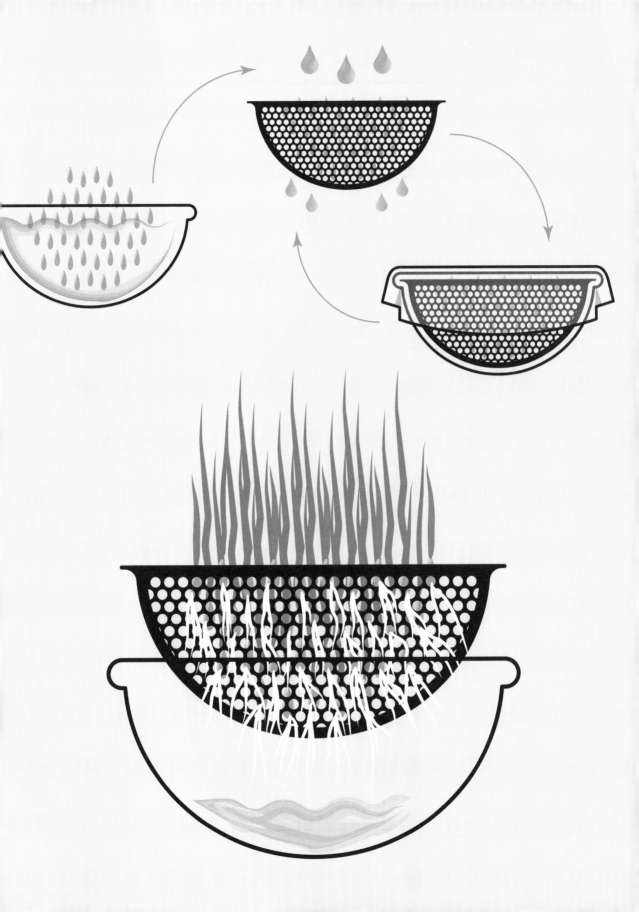

El rejuvelac es un agua
fermentada que nos servirá
para iniciar el proceso de
fermentación del queso.

Preparar rejuvelac

Para preparar el rejuvelac, necesitaremos un par de días de previsión y habrá que germinar primero las semillas. Mi recomendación es utilizar semillas de trigo blando ancestral. El trigo, de entre todas las semillas que podemos germinar, es la que más beneficios nos ofrece al preparar rejuvelac, ya que produce más enzimas al fermentar en el agua y el sabor es dulce y suave.

Una vez tenemos los germinados de nuestra elección, colocamos una medida de una taza en un frasco de vidrio limpio de unos 2 litros de capacidad y 1,5 litros de agua de calidad o purificada. Una vez cubiertos los germinados con el agua, tapamos la boca del frasco con un tul o una tela de algodón y la fijamos con una banda elástica. Se deja reposar en un rincón cálido de la cocina (a unos 20–22°C), donde no haya que moverlos y no les dé la luz del sol directa. A las cuarenta y ocho horas el rejuvelac ya estará listo: el agua se habrá vuelto de un color ambarino, turbio, con una espuma sutil en la superficie y un sabor ligeramente ácido y carbonatado.

Reservamos entonces el agua enzimática en un frasco de vidrio ya sin los germinados. Se puede guardar tapada en la nevera unos siete días; estará mejor conservada si se guarda con el zumo de un limón.

Con los germinados de la primera agua enzimática o rejuvelac se puede preparar rejuvelac dos veces más. Cada vez, debemos dejar remojar los granos la mitad de tiempo y con la mitad de agua que la vez anterior.

Si preparamos rejuvelac en verano, cuando las temperaturas son más altas, el tiempo de cultivo del agua enzimática será menor, puede que incluso la mitad de tiempo, dependerá de la temperatura ambiente.

La batidora de vaso

Para obtener una mezcla homogénea y lo más suave posible para la pasta de nuestros quesos, será muy útil una batidora de vaso turbo. Es importante que sea turbo, ya que moler frutos secos y semillas —por muy activados que estén— hasta obtener una crema suave necesita de un motor con potencia. Aunque también puedes utilizar una batidora menos potente y añadir más rejuvelac a la mezcla inicial para que al batir la pasta no ofrezca tanta resistencia. Luego, en la fermentación y filtrado, la mayor parte de esta agua se descartará, pero siempre quedarán las pastas iniciales mucho menos sólidas.

De todas maneras, si te interesa seguir una alimentación rica en crudos y cocinar te apasiona, no es mala idea invertir en una batidora turbo de motor más potente, ya que los motores de las batidoras más sencillas se acaban fundiendo con el uso al batir alimentos fibrosos enteros y crudos.

La batidora de vaso también la utilizaremos para preparar las harinas a partir de germinados y brotes previamente deshidratados.

El procesador

Para preparar las masas de los diferentes panes y mezclar las pastas fermentadas de nuestros quesos con otros ingredientes que les den sabor nos será de gran utilidad un procesador o robot de cocina potente con cuchilla en S. Los procesadores o robots de cocina son más lentos que las batidoras, calientan menos por fricción y pueden mezclar y amasar nuestras elaboraciones de la manera más homogénea y eficaz posible, pero sin calentar en exceso.

El molino de piedra o conchadora

En repostería se utilizan conchadoras o molinos de piedra para trabajar el chocolate a partir de su semilla —tostadas o no—; es la manera más pura, auténtica y nutritiva de trabajar el chocolate —ya que apenas generan calor en la molienda— y así lo hacen solo los *chocolatiers* y las marcas más puristas, artesanos y con gamas de productos más conscientes y conseguidos. Este proceso se suele indicar en el envoltorio de los chocolates comercializados como «elaborado a partir del haba de cacao» o «*from bean to bar*».

Este mismo molino de piedra se utiliza también para obtener las más suaves pastas o mantequillas a partir de semillas y frutos secos. Es un proceso de triturado lento que puede durar entre cuatro y ocho horas, pero que nos asegura que no hay calentamiento en la elaboración. El resultado es la mantequilla o crema de semillas o frutos secos de sabor más intenso, más suave, cremosa y oleosa que puedas imaginar.

Es mi método preferido para preparar mis mantequillas de frutos secos y semillas en casa. No solo el resultado es óptimo y asegura el frescor del producto, sino que me puedo permitir activar las semillas y frutos secos —y deshidratarlas si lo que quiero es preparar mantequillas en vez de quesos— antes de usar el molino para obtener las pastas más suaves.

Con algunos frutos secos y semillas para hacer quesos no la utilizo, como en el caso del anacardo, que es tan cremoso que con el batido en la batidora de vaso turbo ya es suficiente para obtener una textura cremosa como una nata. Pero para otros frutos secos y semillas, como la semilla de calabaza, la nuez de Brasil, la nuez de macadamia o las almendras, la considero un *must*, por la textura increíblemente suave que se obtiene al final, no se nota ni un solo grumo.

Aunque supone una increíble mejora, no es imprescindible. Si no tienes un molino o no quieres realizar la inversión, más tiempo de batido —con pausas para que no se calienten por fricción los ingredientes— también te servirá.

Paños, telas y estameñas para colar y fermentar quesos

Durante el proceso tradicional de elaboración del queso con lácteos animales, se utiliza paño de algodón para forrar los moldes y desuerar las pastas. En la elaboración de nuestros quesos vegetales no nos hace falta utilizar el paño de algodón y el molde al mismo tiempo, ya que su textura es muy diferente a la de la leche cuajada. Pero sí nos vendrá muy bien disponer de algún tipo de paño de algodón natural para fermentar nuestras diversas pastas al mismo tiempo que colamos el exceso de agua. Una vez realizado este proceso, podemos utilizar moldes o aros de emplatar para darle forma a nuestras pastas. Sin embargo, también les podemos dar forma sin ningún tipo de molde, los resultados pueden ser bellísimos, con formas irregulares y caprichosas que le dan un acento creativo a las elaboraciones.

Para fermentar y colar al mismo tiempo, colocaremos en distintos paños de algodón limpio las diferentes pastas para cada queso según receta y los dejaremos suspendidos de un gancho en la cocina con un recipiente debajo que recoja el exceso de líquido que irá goteando, o bien en un colador que descanse sobre un bol y un peso encima. Para el peso puedes utilizar un bote de vidrio limpio con algo de peso en su interior; si tienes botes vacíos los puedes llenar de agua, cerrar y utilizarlos como pesos.

No aprietes ni «ordeñes» las pastas dentro de las telas como si estuvieses haciendo una leche vegetal, eliminarías más rejuvelac y leche de lo necesario y justo este líquido es donde se concentran las propiedades nutritivas y el secreto organoléptico de los futuros quesos. La pulpa completamente separada de la parte líquida (los restos de cuando preparamos leches) no tiene apenas valor nutricional —grasas, vitaminas, minerales, enzimas, carbohidratos, probióticos quedan disueltos en el agua al batir— ni sabor, es pura fibra de una textura seca y nada atractiva que no nos interesa utilizar por sí sola.

Lo ideal es utilizar paños de algodón para el colado/ fermentado, tipo gasa, muselina o tarlatana sin blanquear. Las gasas las puedes encontrar esterilizadas de venta en la farmacia, ya que se utilizan también como pañales para recién nacidos; si la gasa es muy fina o con demasiado calado, se pone la tela en doble. También puedes encontrar estos paños en tiendas donde vendan textiles, o en negocios donde vendan insumos para hacer quesos caseros.

Para mí es importante que el paño sea de algodón, y no de nailon u otro tejido sintético que incluya polímeros de dudosa calidad. Por otra parte, las propiedades naturales del algodón favorecen la fermentación, mantienen la humedad externa mientras el queso cuelga y se desuera sin crear una costra exterior —como suele ocurrir con los textiles sintéticos que no absorben casi humedad— y les confiere un peculiar sabor, el factor organoléptico aquí para mí es importante. Si buscas, seguro que encuentras este tipo de paño tradicional reutilizable de algodón cien por cien en crudo, que es además biodegradable.

Para limpiarlos, justo después del uso hay que enjuagarlos con agua fría para eliminar cualquier resto orgánico. Luego remojarlos unos minutos en agua muy caliente o incluso hirviendo, no es necesario añadir productos químicos ni jabones. Aclararlos y ponerlos en remojo unos treinta minutos en un litro de agua con una cucharada sopera de agua oxigenada para acabar de higienizar. Y, finalmente, el paso realmente bactericida: puedes escoger entre ponerlos al sol hasta que se sequen o plancharlos hasta que estén secos para acabar con cualquier tipo de bacteria. Hasta el próximo uso, se guardan protegidos en recipientes alimentarios cerrados: tarros de vidrio, bolsas de plástico, etc.

En las tiendas de insumos para cocina también encuentras estameñas o bolsas textiles confeccionadas para colar mermeladas, coulis de frutas, caldos, leches vegetales, etc. Estas también las puedes utilizar, las venden elaboradas en material sintético, de algodón, de cáñamo, etc., blanqueadas y sin blanquear. Si adquieres una de estas, recuerda que el tejido natural es mejor tanto para favorecer la fermentación como para el sabor.

La fermentación

La fermentación de los alimentos es una técnica ancestral tradicional y natural utilizada originalmente para preservar los alimentos durante períodos largos de tiempo, ya que las bacterias responsables de la fermentación impiden el crecimiento de microorganismos patógenos y toxinas. Pero no solo es interesante por su papel en la preservación, sino también porque actúa como una especie de predigestión del alimento, haciendo que los nutrientes sean mucho más asimilables y aumentando su valor nutricional. Por ejemplo, las proteínas se transforman en aminoácidos esenciales —los macronutrientes que realmente necesita nuestro organismo—; se crean aminoácidos nuevos, como la lisina; ácido láctico; vitaminas del complejo B; enzimas; probióticos... Las bacterias que la llevan a cabo consumen los almidones y los azúcares naturales del alimento, con lo que se reduce considerablemente su índice glucémico y los problemas de consumir alimentos ricos en almidón. Ejerce también una acción neutralizante de los antinutrientes que se encuentran en muchos alimentos, como el ácido fítico de los granos o la tripsina de la soja; e incluso se le ha atribuido recientemente la capacidad de facilitar la digestión del gluten.

Los alimentos fermentados benefician la digestión por la gran cantidad de enzimas que generan sus bacterias —lo que exige menor esfuerzo de producción de enzimas digestivas a nuestro organismo—, evitan flatulencias, favorecen a las bacterias benéficas de nuestro colon contribuyendo a su salud y tienen un potente efecto quelante (desintoxicante). Los vegetales fermentados reciben también el nombre de alimento simbiótico, por su doble naturaleza de acción sinérgica prebiótica (contenido alto en fibras) y probiótica que permite aumentar la absorción de otros nutrientes.

Contienen un mayor nivel de probióticos que los suplementos, cosa que los hace ideales para reforzar la salud de la microbiota intestinal, contribuyen al proceso de eliminación de metales pesados y otras toxinas de nuestro cuerpo al mismo tiempo que ayudan a las bacterias de nuestra microbiota a realizar un número de funciones adicionales beneficiosas e importantes: ayudan a la absorción mineral y producen vitaminas del grupo B —B_{12} incluida— y vitamina K_2 (la vitamina K_2, junto con la D, son necesarias para integrar el calcio en los huesos y evitar calcificaciones en las arterias, reduciendo el riesgo de enfermedades cardiovasculares); regulan la absorción de grasas, con lo cual contribuyen a prevenir problemas de sobrepeso, obesidad y de diabetes; tienen también un efecto anticáncer, moderan las respuestas del sistema inmune, ayudan a reducir la inflamación y producen compuestos beneficiosos para el cerebro que modulan los estados de ánimo.

Existen dos tipos de fermentación, la fermentación espontánea, donde se utilizan las mismas bacterias naturales que existen en el exterior de los vegetales que vamos a fermentar (hojas, piel) como iniciador del proceso —lactofermentación— y la fermentación provocada, donde se utilizan mohos, levaduras, colonias simbióticas de levaduras y bacterias (los SCOBY del kombucha o la madre del vinagre) o bacterias añadidas para iniciar el proceso de fermentado.

Las recetas de este libro utilizan por lo general rejuvelac como iniciador, el agua fermentada y enzimática preparada a partir de germinados que describo más arriba, para avivar el proceso de fermentación. Es una fermentación provocada a partir de una fermentación espontánea que prepararemos nosotros mismos. Es muy importante tener en cuenta que, dependiendo del germinado utilizado para preparar el rejuvelac que fermentará nuestros quesos, el sabor final de los quesos también variará. Yo prefiero preparar el rejuvelac a partir de germinados de semillas de trigo ancestral, centeno e incluso avena. Saben más dulces, y el aroma de fondo tiene un vínculo indiscutible con el del queso tradicional; de hecho, muchos de los mohos utilizados en la elaboración de queso a partir de leche animal son cultivos que han crecido en bases cereales.

Si no quieres utilizar semillas con gluten, la semilla de avena germinada —la que venden con la cascarilla en los herbolarios— es una solución. También puedes utilizar quinua germinada, que es muy fácil y rápida de preparar, pero le añade una cierta acidez de fondo que a mí no me entusiasma. Y, sobre todo, no utilices trigo sarraceno germinado para hacer rejuvelac, es muy fácil que se pueda pudrir en el agua y dar como resultado una bebida fermentada de un sabor muy fuerte y desagradable.

Las semillas y frutos secos utilizados para preparar nuestros quesos vegetales también fermentarían sin rejuvelac, con solo añadir agua de calidad a nuestras semillas activadas en vez de rejuvelac. Pero no lo recomiendo, porque es una fermentación mucho más suave y lenta, menos burbujeante, de un resultado más pobre y de escaso sabor láctico.

Hay a quien le gusta comprar probióticos en cápsulas para elaborar sus quesos vegetales en casa. También es un factor determinante a la hora de conseguir el sabor, muchos de ellos dejan un extraño sabor jabonoso poco agradable. En todo caso, si los compras, no elijas cualquiera o el más barato. Asegúrate de cuál es su procedencia, los venden de cultivos sin explotación animal, o con explotación animal e incluso de procedencia humana... Escoge los que no implican explotación animal, para prepararnos un quesito en casa no hace falta hacer sufrir a otros seres sintientes. Aunque para mí, no hay nada más auténtico y especial que poder vivir todo el proceso, desde la germinación y brotado a todas las fermentaciones posteriores, e incluso poder experimentar con diferentes cultivos de rejuvelac para percibir la diferencia de sabores con los distintos tipos de preparados.

También se comercializan diferentes bacterias, mohos y levaduras en negocios dedicados a vender insumos para preparar quesos con leches animales y que proliferan muy bien en las diferentes bases o pastas para los quesos vegetales. Como es de esperar, también contribuyen a darle un sabor diferente a las pastas de frutos secos y semillas que recuerdan mucho a sus homólogos preparados con lácteos animales. Pero, como decía más arriba, yo no soy partidaria del uso de levaduras, mohos y bacterias de este tipo porque no encuentro que beneficien nuestra salud, aunque sí ofrecen resultados óptimos en cuanto a palatabilidad. Sin embargo, nuestro sistema digestivo no está preparado para su correcta digestión, suelen fermentar a nivel intestinal causando malestar y desequilibran la cándida en nuestros intestinos, causando a su vez otros malestares y problemas de salud. Si alguien me dijese que le añadió un tipo de moho a un alimento que lleva por nombre *Geotrichum candidum* —el moho de los quesos Camembert, Saint-Nectaire, Reblochon— como mínimo a mí me despertaría muchas sospechas sobre sus beneficios sobre la cándida intestinal en concreto.

Ácidos como el zumo de limón o el vinagre de manzana sin pasteurizar o el miso sin pasteurizar —si no están pasteurizados viene indicado en la etiqueta— también funcionan como iniciadores y, por supuesto, contribuyen a dar un sabor más ácido a las elaboraciones.

Hacer fermentados en casa es mucho más sencillo de lo que podemos imaginar. Hacen falta pocas cosas, excepto un poco de planificación, ya que todos los vegetales, de forma natural, contienen bacterias en la piel que ayudan a iniciar el proceso. A la hora de fermentar, no necesitas más que un lugar tranquilo y cálido en la cocina donde no incida la luz del sol directa y donde no tengas que mover el recipiente donde estés fermentando. Es importante que no fermentes en recipientes metálicos, ni siquiera del mejor metal, ya que el ácido láctico producido de manera natural por las bacterias reacciona con los metales creando tóxicos nocivos.

Una fermentadora facilita mucho el proceso y mejora el resultado. Las fermentadoras son como pequeños hornos de baja temperatura (de 20 a 49 °C) que controlan la temperatura de forma exacta durante horas o días. No gastan mucha energía, porque la temperatura ideal para fermentar en la mayoría de los casos oscila entre 30 y 32 °C. Es una temperatura más baja que la corporal, y más baja de lo que suelen ofrecer los hornos eléctricos de nueva generación, con lo que no disparan el consumo eléctrico. Solo se necesita entre uno y tres días para hacer los fermentados más deliciosos y auténticos, y si es con la temperatura controlada obtendremos resultados óptimos y muy similares cada vez.

La deshidratación

En la cocina de la alimentación viva los deshidratadores imitan la acción del sol y el aire en el secado de los alimentos.

Encontrarás muchos modelos en el mercado. A la hora de elegir uno es ideal fijarse en que los materiales utilizados en sus componentes estén libres de tóxicos como el BPA, que tengan termostato que permita como mínimo reducir la temperatura a 30 °C —en mi caso, yo decidí en su momento adquirir uno que me permitiese utilizar solo la función ventilador sin temperatura, sería una deshidratación a temperatura ambiente, cuando el termostato indica 0 — y temporizador que nos permita tenerlo en funcionamiento solo las horas necesarias.

La deshidratación también es un proceso muy largo, parece que la vida no tenga prisas. Pero los deshidratadores también son electrodomésticos que no consumen mucha energía, así que no te preocupes por la factura de la electricidad. Apenas se nota la diferencia.

Los más baratos son algunos deshidratadores con bandejas que encajan una encima de la otra, son los llamados deshidratadores verticales, la mayoría de ellos pensados para deshidratar frutas. Si puedes, evítalos, suelen tener un agujero en el centro necesario por su diseño para que el aire circule verticalmente de manera eficiente. No te permitirán extender las masas para tus *crackers* en rectángulos grandes, y sus bandejas suelen tener muy poca altura no dejando espacio suficiente para colocar elaboraciones más voluminosas como los panes de este libro.

Algunos modelos tipo horno vienen con hojas reutilizables de materiales no tóxicos como Teflex o Paraflex para poder trabajar con deshidratados más líquidos, masas para rollitos y *crackers*, sobre las rejillas de las bandejas. Puedes también utilizar papel de hornear, aunque se suele ondular. Si eliges papel de hornear para cada vez que hagas tus elaboraciones, busca opciones más conscientes como el papel de hornear sin blanquear libre de tóxicos y elaborado de manera más sostenible y respetuosa con el medio ambiente.

Los *crackers* y otras recetas donde se ha extraído el máximo posible de agua, se pueden guardar en botes de vidrio con tapa durante semanas, e incluso meses, en un lugar fresco donde no les incida la luz del sol directa.

Otras elaboraciones, como los muchos panecillos semideshidratados de este libro, se pueden guardar en la nevera en un recipiente de vidrio con tapa de tres días a una semana y, antes de servir, se colocan unos treinta minutos en el deshidratador para que pierdan el frío.

La temperatura utilizada para deshidratar en las recetas de este libro, cuando no se indique, es siempre de 38 °C. De lo contrario, se especifican otras temperaturas.

En cuanto a los tiempos de deshidratación, pueden variar dependiendo del modelo de deshidratador, de la humedad y temperatura ambiente, de la carga total del deshidratador, del grosor de las elaboraciones o del gusto de cada uno. Si alguna elaboración te parece demasiado húmeda, no le subas la temperatura, alarga el tiempo de deshidratado hasta que esté a tu gusto.

Maduración y afinado

La maduración es el término que tradicionalmente describe el proceso de envejecimiento de los quesos de leche animal, pero también nuestros quesos vegetales los podemos madurar una vez obtengamos nuestra pasta fermentada. Al envejecer, pierden humedad, concentran el sabor y conseguimos texturas nuevas de más cremosas a más secas que recuerdan, y perfectamente pueden sustituir, a sus homólogos de leche animal. Obviamente, no sabe igual una pasta recién fermentada o queso fresco que la misma pasta después de una semana, un mes o un año.

Durante la maduración, es importante que controlemos la temperatura a la que están nuestros quesos, unos 10–12 °C es lo que te recomiendo para que el sabor no se vuelva ácido o picante como pasaría a temperaturas más elevadas y en los envejecimientos largos. También la humedad ambiente nos brindará uno u otro resultado, si la pasta es muy cremosa un 70% de humedad es ideal para que no se nos agriete la corteza que se irá formando, y un 80–85% de humedad ambiente si la pasta está ya bastante seca.

Esto es opcional, digamos que es nivel avanzado, pero lo que sí necesitamos de verdad es que nuestras pastas estén bien oreadas para que no se creen mohos en la superficie. Necesitarás madurarlas en un lugar bien ventilado, preferiblemente que no sea la nevera donde guardas el resto de los alimentos, pues se impregnarían de olores y aromas ajenos, incluso del olor de los materiales de la nevera. Si solo dispones de la nevera, los puedes madurar dentro de un recipiente grande con tapa —para que no absorban aromas de otros alimentos— donde puedas colocar una rejilla no metálica en la base y que haya bastante aire alrededor para que no se cree moho.

Durante la maduración conviene que vayas dándole la vuelta a cada queso como mínimo una vez al día, preferiblemente dos veces, en intervalos similares, por ejemplo, cada doce horas. De esta manera te aseguras una distribución regular de la humedad y evitas que crezca moho en la parte en contacto con la superficie de apoyo. Para esta superficie, al principio, cuando la pasta esté aún demasiado blanda, te recomiendo utilizar papel de hornear sin blanqueantes: corta pequeños círculos o cuadrados para cada queso, y así también te puedes ayudar del papel para dar la vuelta a cada quesito más fácilmente.

Si tienes un deshidratador donde puedas ajustar la temperatura a 0, sería lo ideal para conseguir un oreado eficaz en muy poco espacio. La circulación del aire no solo evitará el moho, sino que irá secando las pastas desde el exterior poco a poco. Eso sí, con demasiada rapidez, con lo que si te pasas de secado, te ayudará a pulverizar tus quesos, sutilmente, durante el proceso de envejecimiento o maduración a diario con un poco de agua de calidad y un vaporizador en espray.

Estos últimos procesos de control avanzado son opcionales, solo para aquellos que realmente quieren entretenerse o perfeccionar al máximo la elaboración de sus quesos. Y si realmente eres perfeccionista, puedes adquirir un termómetro para medir la temperatura ambiente, un medidor de humedad, un deshumidificador, un ventilador para el secado, una cámara frigorífica dedicada exclusivamente a la elaboración de quesos vegetales... Pero todo esto es completamente opcional y no nos hace falta para disfrutar de un producto excelente en casa. De todas maneras, si eres perfeccionista o quieres preparar en casa el mejor producto quesero vegetal o incluso de manera profesional aquí tienes estos consejos.

Las elaboraciones de este libro son propuestas para que hagas quesos de tamaño pequeño. Sobre todo, si te inicias por primera vez en este arte, los quesos pequeños te van a dar más seguridad, ya que podrás voltearlos sin que se rompan y, al tener la humedad mejor controlada, muy raramente les saldrá moho. Te recomiendo empezar así, en pequeño, hasta que controles el proceso y comprendas cómo funciona la fermentación casera en el ambiente particular de tu cocina y la maduración y envejecimiento en el ambiente que puedas crear. Una vez controles el ambiente, atrévete con quesos más grandes y maduraciones más largas donde se forme una corteza externa fruto del secado, pero el interior de los quesos todavía quede cremoso. La experiencia no tiene parangón.

Aparte de envejecer o madurar así las diferentes pastas, también podemos afinar nuestros quesos a través de frotados o curados, lo mismo que se hace en el proceso de elaboración con leche animal. Se pueden frotar con un pincel de cocina o un paño húmedo impregnado en una bebida probiótica de nuestra elección, en sal —así evitamos que prolifere el moho en la corteza—, en pastas fermentadas, en aceites puros o aceites aromatizados. También podemos espolvorearlos con especias o rebozarlos en hierbas aromáticas antes de empezar el proceso de maduración; en este caso el queso debería tener una gran humedad exterior para que las especias y hierbas se adhieran al exterior.

Igual que en los quesos a partir de leche animal, los quesos vegetales, durante el proceso de maduración y afinado, sufren transformaciones bioquímicas (glucólisis, lipólisis, proteólisis) como consecuencia de acciones enzimáticas y probióticas en la pasta y que tienen su influencia en aromas, olores y texturas. Es el proceso que hará de tu queso algo realmente especial, si bien ya será delicioso antes de cualquier madurado, curado o afinado.

Envasado al vacío

Para mí este es el imprescindible paso final para acabar de conseguir la textura de los mejores quesos vegetales madurados: el envasado al vacío utilizando bolsas alimentarias. Durante su secado progresivo, las diferentes pastas se vuelven secas y harinosas, pero si envasamos al vacío conseguiremos que se compacten y, en el proceso de extracción del aire, la humedad y los aceites que residen en el corazón del queso saldrán también al exterior, recubriéndolo con una capa aceitosa natural que no podríamos conseguir sin este envasado.

Antes de envasar, a mí me gusta envolver los quesos individualmente en papel de hornear sin blanquear, de esta manera evitamos el contacto con el plástico, del que puede tomar sabores, pero también que se deformen o se chafen al extraer el aire si es que los quesos son un poco blandos.

Si haces muchos y los envasas al vacío, no te olvides de escribir la fecha en el exterior de la bolsa, así sabrás exactamente la edad de cada preparación. Ah, y los quesos que dejes durante meses o incluso años así envasados, cuando los vayas a consumir, déjalos orearse unos minutos antes. Con el tiempo de envasado aumenta la acidez que les da una nota un tanto picante, al orearlos esta desaparecerá.

SOBRE ALGUNOS INGREDIENTES UTILIZADOS

Cáscara de psyllium y cáscara de psyllium en polvo

El psyllium es una planta que se cultiva en el noroeste de la India de uso milenario en medicina ayurvédica. La cascarilla que envuelve las semillas de psyllium está compuesta casi exclusivamente de hemicelulosa, que actúa en el intestino como una esponja, da consistencia a las heces y estimula el peristaltismo. Esta acción del psyllium es puramente mecánica, el organismo no lo asimila. De hecho, se suele utilizar como laxante sin ningún riesgo de dependencia o de toxicidad. Se lo considera también una excelente fuente no calórica de fibras solubles, ocho veces mejor que el salvado de avena.

En medicina natural se utiliza en casos de infecciones fúngicas crónicas, ya que el psyllium impide la absorción por el organismo de los desechos metabólicos de las levaduras y las toxinas que estas producen para sobrevivir en el interior del colon y que pueden causar diversas reacciones alérgicas. El psyllium absorbe estas toxinas, calma los tejidos inflamados y promueve el desarrollo de bacterias beneficiosas. En las recetas de este libro se utiliza como elemento aglutinante en diferentes elaboraciones, y sobre todo para dar esponjosidad y consistencia a las masas de los panes.

Lo encontrarás en las tiendas en dos versiones: cáscara de psyllium (a veces en inglés, psyllium *husks*) y cáscara de psyllium en polvo, ambas completamente válidas. Sin embargo, necesitarás utilizar un poco más de cáscara de psyllium —más voluminoso— en las recetas donde se utilice en polvo. Por cada 15 ml de cáscara de psyllium en polvo (1 C) utilizaremos 25 ml (1 C + 2 c) de cáscara de psyllium.

Semillas de chía

La chía es una planta herbácea originaria de las áreas montañosas de Centroamérica y utilizada desde la época precolombina por sus habitantes como uno de los alimentos básicos.

Son ricas en fibras, ideal para nuestra salud intestinal, y densas en nutrientes. Contienen todos los aminoácidos esenciales; ácidos grasos poliinsaturados omega 3 y 6; minerales como el calcio, hierro, magnesio, potasio, zinc, manganeso, fósforo, cobre, flavonoides; vitaminas del grupo B y la antioxidante vitamina E.

Los aceites de esta semilla son precursores de los ácidos grasos DHA y EPA, imprescindibles para la salud cardiovascular, del sistema nervioso y el cerebro, hormonal, de la piel... De hecho, es una de las mejores fuentes vegetales de estos aceites omega 3.

Remojada en agua de calidad u otro líquido durante unos quince o treinta minutos nos permite conseguir una textura de gel ideal para preparar púdines de una textura muy interesante, su sabor es muy neutro y sus propiedades se absorben mucho mejor si la semilla está triturada, ya que las semillas enteras que ingerimos sin triturar o masticar concienzudamente hasta romperlas escapan intactas a la digestión química de nuestro sistema digestivo.

En las recetas de este libro se utilizan trituradas, en forma de harina, para dar textura y consistencia esponjosa a las diferentes masas.

Semillas de lino

Las propiedades medicinales de la semilla de lino se deben a su contenido en ácido graso alfa-linolénico (omega 3) y los lignanos de un beneficioso efecto *antiaging* que protege nuestras células de la degeneración cancerosa, los procesos inflamatorios crónicos y fortalecen el sistema inmunológico; por eso se recomiendan en enfermedades degenerativas inflamatorias como el lupus, la psoriasis, la colitis ulcerosa, la artritis reumatoide, etc. A diferencia de las semillas de chía, son más difíciles de digerir, y son más fermentativas. Lo ideal es activarlas como mínimo veinticuatro horas, lavarlas en un colador batiendo con un batidor de varillas para eliminar el mucílago extra, deshidratar hasta que estén bien secas y moler para convertir en harina en el momento de añadir a nuestra receta para evitar cualquier oxidación de sus aceites. En pequeñas cantidades y activadas, como te recomiendo que las utilices, son mucho más digestivas y se reduce su contenido en lectinas.

De todas maneras conviene no abusar de su uso en las comidas, ya que contiene una proteína, la lineína, que inhibe la absorción de la vitamina B_6, una vitamina de gran importancia en diversas funciones metabólicas involucradas en la producción de anticuerpos, el mantenimiento de la función neurológica normal y el buen funcionamiento cerebral, la formación de los glóbulos rojos, la metabolización de carbohidratos y proteínas y juega un papel vital en la función de unas 100 enzimas catalizadoras de reacciones químicas esenciales para el cuerpo humano, como la liberación de glucosa a partir del glucógeno almacenado.

En las recetas de este libro se utiliza en pequeñas dosis para elaborar *crackers* y panes de semillas para conseguir resultados similares a los de la chía, pero de una consistencia más robusta. Le darán un punto crujiente a nuestros *crackers* y esponjosidad a nuestros panes.

Aceite de coco crudo (sin desodorizar)

Los ácidos que componen el aceite de coco tienen poderosos efectos antimicrobianos, antivirales y antifúngicos ante algunos de los microorganismos más peligrosos que existen.

Es un ácido graso de cadena media, lo que significa que no lo acumulamos en forma de grasas como otros aceites y grasas, sino que se procesa en el hígado para ser convertido en energía, lo cual significa que su consumo no contribuye al aumento de peso.

En las recetas de este libro se utiliza el aceite de coco para conseguir consistencias para preparados cremosos —natas, yogures, cremas pasteleras— y texturas suaves en quesos. Para los quesos lo utilizaremos en pequeñas cantidades, en estas proporciones no alterará su sabor. Sobre todo recuerda lo que explicaba en el capítulo «Quesos vegetales: ¿son realmente quesos si no se preparan a partir de lácteos animales?» (pág. 31), sobre el aceite de coco desodorizado, es una versión no recomendable de este aceite, ya que durante el proceso de desodorización se somete a calor y se oxigena bajo chorros de aire a presión, el resultado final es un aceite oxidado pero sin sabor, donde se priorizan solo sus propiedades organolépticas y su textura, pero se pierden sus beneficios y se convierte en un producto oxidativo.

A temperaturas inferiores a los 25 °C este aceite es sólido, mientras que a temperaturas por encima de los 25 °C cobra forma líquida. Para utilizarlo en las recetas, lo derretiremos primero sumergiendo el bote de aceite en un cuenco con agua caliente o derritiéndolo en el deshidratador.

Harina de coco

La harina de coco es una harina considerada hipoalergénica e ideal para aquellas personas con sensibilidad al gluten. Es muy digestiva, energética y proteica, con un 12% de contenidos de proteína.

La harina de coco tiene un contenido mucho menor en carbohidratos que las harinas de cereales y un índice glucémico bajo, con lo que es ideal también para las personas que tienen problemas con los niveles de azúcar en sangre (diabetes y prediabetes), y es muy rica en fibra. Es rica en muchos de los nutrientes que necesitamos a diario, entre ellos, contiene todos los aminoácidos esenciales, tiene altos niveles de cobre y manganeso, es rica en magnesio, fósforo, selenio y zinc y también contiene, en menor cantidad, potasio, sodio, hierro y el complejo de la vitamina B.

Es también rica en grasas saturadas de cadena media, estas grasas son de las más saludables, fáciles de digerir y nos ayudan a metabolizar. Nuestro hígado las quema enseguida, las utiliza como combustible, con lo cual, las grasas del coco no solo no engordan, sino que nos ayudan a controlar el peso y a producir energía diaria sostenida sin necesidad de recurrir a los azúcares —ni siquiera los más saludables y naturales—. Es una maravilla de harina para una repostería bien saludable y culpa cero.

Se elabora a partir de la carne del coco joven (también se le llama coco verde) una vez parcialmente desgrasada y deshidratada, y no a partir de las láminas de coco viejo seco como sería el caso del coco rallado.

Si la utilizas como sustituto de las harinas de cereales, se necesita utilizar menos cantidad, ya que absorbe mucho líquido y se hincha bastante.

En este libro se utiliza tanto para la elaboración de dulces como para la de panes.

Harina de chufa

Lo mismo que la harina de coco, la harina de chufa tiene menor contenido en carbohidratos que las harinas de cereales, un bajo índice glucémico y es rica en fibra, es extraordinariamente rica en nutrientes y no contiene gluten.

Las chufas son unos pequeños tubérculos que constituían el 80% de la dieta de nuestros ancestros en el Mediterráneo hace unos dos millones de años, antes de la revolución agrícola. Contienen un almidón muy resistente, una fibra prebiótica que resiste la digestión y se convierte en alimento para nuestras bacterias probióticas, favoreciendo el tránsito y la salud intestinal. Unos 28 g de harina de chufa contienen el 40% de la fibra diaria recomendada.

Son un tubérculo duro (se encuentra deshidratado en las tiendas) y áspero. Puedes intentar molerlas tú para hacer tu propia harina, aunque si no tienes electrodomésticos muy potentes no obtendrás una harina suave como la que se comercializa, preparada con molinos industriales.

Es una harina simplemente maravillosa y de un dulce natural muy especial. En el Mediterráneo tenemos la suerte de tener al alcance este tubérculo cuyo uso es de tradición muy antigua. Su harina es un poquito más áspera que la tradicional, pero combinada con aceites y grasas saludables es maravillosa y suave como una seda, una combinación ideal para preparar mantecados y alfajores crudiveganos.

A las chufas, y su harina, las podríamos considerar un superalimento milenario del Mediterráneo, su uso documentado se remonta al Antiguo Egipto. En la Península la introdujeron hace siglos los pueblos árabes y desde entonces es un cultivo típico de la huerta valenciana, con el que se elabora una de las leches vegetales más populares y deliciosas, la horchata de chufa. Las chufas son un alimento muy nutritivo, ricas en aminoácidos esenciales, ácidos grasos esenciales, fibra, vitaminas A y E y en los minerales potasio, hierro, magnesio, sodio, calcio y fósforo.

Frutos secos y semillas

Los frutos secos crudos contienen algunos de los mayores niveles de antioxidantes de los alimentos vegetales. Los antioxidantes son clave para combatir las inflamaciones, los daños de tejidos y células causados por los radicales libres (subproductos tóxicos resultantes de los diferentes procesos metabólicos que realizamos a diario).

Son ricos en fibra, aceites saludables, vitaminas, minerales, oligoelementos y aminoácidos esenciales. Contribuyen a la reducción del colesterol LDL, mejoran la función de los vasos sanguíneos y el sistema cardiovascular y refuerzan la musculatura y las articulaciones.

Tienen la falsa fama de contribuir al aumento de peso; esto no solo no es así, sino que pueden ayudar a su pérdida, ya que al ser tan nutritivos y concentrados nos mantienen saciados durante más tiempo, evitando que piquemos entre horas.

A la hora de consumir frutos secos y semillas —se recomienda una cantidad de entre treinta y treinta y cinco gramos al día, lo que equivale al contenido de un puño— se aconseja activarlos, por los motivos que explicaba anteriormente. Por otra parte, los alimentos deshidratados o desecados, como suelen serlo los frutos secos, las semillas y la fruta deshidratada, requieren de agua para poder ser digeridos. Si no los hidratamos antes de consumirlos, se hidratarán con nuestra agua corporal, contribuyendo a nuestra propia deshidratación. ¿Te has fijado que algunos bares ofrecen tapitas de frutos secos o deshidratados/horneados/fritos y salados cuando se pide una bebida? Es una buena técnica para hacer negocio, ya que la ausencia de agua biológica en estos frutos secos nos deshidrata, nos da sed y seguramente querremos beber algo más para rehidratarnos.

Todos los frutos secos y semillas son ricos en aminoácidos esenciales, las proteínas que nuestro organismo no puede producir y por tanto debemos incluir en nuestra dieta; es más, suelen contener todos los aminoácidos esenciales en diferentes proporciones. Entre sus saludables ácidos grasos se encuentra, en diferentes cantidades, el tan preciado omega 3. También pueden ser ricos en carbohidratos, siendo los frutos secos más bajos en carbohidratos —y más altos en grasas— las nueces de macadamia y los anacardos.

Contienen almidones en diferentes proporciones, algo inevitable, ya que los almidones son el depósito de nutrientes naturales que utilizarán las semillas para transformarse en plantas mientras no sean capaces de captarlos o producirlos a través de las raíces y las hojas.

Su naturaleza equilibrada en el contenido de proteínas, carbohidratos y grasas, macronutrientes que requieren procesos digestivos diferentes, los hacen de digestión más compleja y lenta que otros alimentos vegetales. Como mejor los digeriremos será al consumirlos solos o acompañados de verduras de hoja verde y tierna, y, sobre todo, como mínimo, activados.

También podemos fermentar y preparar quesos vegetales o yogures. O batirlos y filtrarlos, y preparar leches vegetales alcalinizantes, saciantes, hidratantes y energéticas como un tentempié ideal entre horas o para empezar el día, sus saludables ácidos grasos son el mejor alimento para el cerebro. Tanto el germinado como la fermentación disminuirán los contenidos naturales de almidón.

Entre los frutos secos destacan como los más beneficiosos las almendras y las nueces de Brasil, ambos tienen propiedades similares y muy alcalinizantes.

Las semillas —de girasol, de calabaza, de cáñamo, de amapola, de lino…— y frutos secos son botánica y anatómicamente diferentes. Una semilla es una pequeña planta en estado embrionario recubierta por un revestimiento exterior protector. Un fruto seco es una fruta de cascarón duro que contiene una sola semilla.

Las semillas comparten con los frutos secos el hecho de estar repletas de nutrientes como aminoácidos esenciales, fibra, minerales —sobre todo hierro y calcio—, oligoelementos, ácidos grasos, incluido el omega 3, que potencian la salud de la piel, son potentes antioxidantes, contribuyen a la eliminación de toxinas, equilibran el sistema hormonal y refuerzan la salud cardiovascular, entre otros beneficios. Como los frutos secos, las semillas contienen almidón, en diferentes proporciones dependiendo de la semilla, que, especialmente en crudo, no es un componente del que queramos abusar en nuestra dieta. La germinación, aparte de mejorar la biodisponibilidad de los nutrientes y mejorar la digestión, convierte el almidón en hidratos de carbono de asimilación lenta para poder nutrir a la planta. De esta manera, el almidón deja de actuar como un tóxico y se convierte en un nutriente para el que sí estamos preparados.

Lo ideal es dejar que la raíz del germinado sea como el doble del tamaño de la semilla antes de consumirla y mejor aún si consumes la semilla en forma de brote: con raíz y hojitas a ser posible expuestas a la luz para que también contengan clorofila. Ojalá conviertas tu cocina en un minijardín o un minihuerto, los beneficios son innumerables.

Frutas deshidratadas

Las frutas son alimentos de alto valor nutricional, muy antioxidantes y cargadas de vitaminas, minerales y, en menor proporción, aminoácidos esenciales. Además, apenas generan desechos al ser metabolizadas, ayudan a disolver toxinas acumuladas y nos proveen de fibra prebiótica saludable para nuestra microbiota.

Aun así, hay que tener en cuenta que la fruta más saludable es aquella que es más baja en azúcares naturales (sobre todo, las frutas contienen glucosa y fructosa); el azúcar en la dieta eleva los niveles de glucosa e insulina en sangre y su abuso puede llevar a padecer graves problemas de salud.

Las frutas frescas más bajas en azúcares son los tomates, los pepinos, los pimientos o los frutos rojos; por sus colores intensos también sabemos que están cargadas de antioxidantes. Les siguen las manzanas, las peras, los melocotones y albaricoques, el pomelo y los higos frescos. Y, finalmente, conviene consumir en menor proporción las frutas con mayores cantidades de azúcares, como el mango

o la papaya e incluso la piña frescos y la fruta seca dulce (recuerda que el tomate es una fruta también, deshidratado lo puedes consumir sin preocupaciones porque no contiene altos niveles de azúcares).

Si consumes fruta procura que no sea en forma de zumo, es la peor manera de consumir fruta: requieren mayor cantidad de unidades para llenar un vaso con lo cual aumentamos las cantidades de glucosa y fructosa; y desechamos la fibra, perdiendo un aliado para la salud intestinal al tiempo que aceleramos el ingreso en sangre de sus azúcares, desequilibrando a gran velocidad los niveles de glucosa en sangre e insulina. Si te apetece tomar un zumo de fruta, rebájalo con agua de calidad o con clorofila (zumo o batido de hojas verdes) para suavizar este efecto.

Hay quien aconseja combinar las frutas y los zumos altos en azúcares con alguna grasa o aceite, también para minimizar el impacto del índice glucémico. Aunque lo cierto es que las grasas inhiben el metabolismo de los azúcares, convirtiendo los nutrientes de las frutas en menos biodisponibles y ralentizando su tiempo de digestión natural, pudiendo ser causa de fermentaciones extra innecesarias, malestar digestivo, hinchazón, etc. Respecto a las frutas secas o deshidratadas, es mejor remojarlas para evitar su efecto deshidratante. Recuerda que algunas de ellas contienen semillas comestibles en el interior, como las pasas, las bayas goji, los arándanos, las grosellas, etc. Estas frutas son las más interesantes y más completas a nivel nutricional: fruta + semilla.

A la hora de combinarlas, es mejor comerlas solas, como una comida, o como un aperitivo unos treinta minutos antes de comer si no son deshidratadas, o bien como un tentempié energético cuando lo necesitemos. Conviene evitar tomarlas en ayunas o por la mañana para evitar subidas y bajadas bruscas de azúcar y energía a lo largo del día.

Frutas deshidratadas como los higos, las pasas, los dátiles y también los plátanos frescos y maduros los podemos combinar con alimentos ricos en almidón, ya que tienen una digestión muy similar.

De las frutas comunes deshidratadas, las uvas pasas, los higos y las ciruelas pasas (una de las más antioxidantes) son las mejores, aunque son muy dulces, contienen no solo azúcares y proteínas, sino gran variedad de vitaminas (provitamina A, C, E, complejo B) y minerales (sodio, potasio, calcio, magnesio, hierro, cobre, zinc, selenio, fósforo, folatos), ácidos linoleico y oleico.

Las algas, las verduras del mar pero también las de agua dulce en lagos y ríos, son una de las especies vivas más antiguas del planeta. El origen de la vida está en el mar, el océano está lleno de minerales y energía vital. Todos los elementos necesarios para la vida están presentes en las corrientes marinas y son absorbidos por esta fuente de salud acuática que son las algas. Los minerales del mar son transformados en materia orgánica por las algas y, al consumir algas, el ser humano los asimila con gran facilidad. Las algas no son solo valiosas por esto, sino que, al contrario que los animales marinos, no absorben tanta contaminación. Es más, donde el nivel de la contaminación es alto, no pueden crecer.

El consumo de algas por el ser humano es milenario en los pueblos costeros ofreciendo una fuente de alimentación constante y fiable. Así, desde hace milenios, las culturas china, japonesa y hawaiana han desarrollado una tradición culinaria basada en un notable uso de las verduras del mar. Han explotado el uso de las algas en su cocina más que otras gentes, pero no son los únicos. Las algas son un alimento tradicional de muchos pueblos: en Irlanda es común aún hoy día consumir dulse; en Chile, cochayuyo; en Gales, laver; el uso del alga nori no es exclusivo de Japón, también se emplea a lo largo de la costa de Norteamérica, desde California a la Columbia Británica, en Hawái y por los maoríes en Nueva Zelanda; en Escocia, Irlanda, Groenlandia e Islandia la lechuga de mar y los *badderlocks* son un ingrediente común en ensaladas.

Comparadas con las verduras terrestres, las verduras del mar contienen entre diez y veinte veces más minerales orgánicos, poseen todos los que necesitamos incluir en la dieta en distintas proporciones según el tipo: calcio, cobre, hierro, potasio, fósforo, molibdeno, selenio, y magnesio y también los llamados oligoelementos que requerimos en cantidades mínimas, pero sin los que la vida no sería sostenible: yodo, zinc, cromo, manganeso, silicio, cobalto. Las verduras del mar aportan un 25% más de minerales que la leche, aunque prácticamente no tienen aportación calórica. Son ricas en vitaminas A, B, C, D_3, E, K, del complejo B, omega 3, fibra, aminoácidos esenciales de fácil asimilación, carbohidratos de lenta asimilación y los diferentes ácidos que las componen nos ayudan a eliminar metales pesados sin interferir en la absorción de nutrientes.

Incluir algas en nuestra dieta no es tan complicado, son fáciles de preparar y hay bastantes variedades comunes comestibles. Algunas algas son insípidas o casi insípidas y tienen propiedades gelificantes que son fantásticas para elaborar postres o para utilizarlas como espesantes. Otras variedades son más sabrosas, como el kombu y su sabor umami, y son ideales para preparar caldos base que también se pueden elaborar a bajas temperaturas o temperatura ambiente o añadir directamente a la ensalada.

En las recetas de este libro se utilizan algunas algas para dar textura, color y sabor a las diferentes elaboraciones. Por ejemplo, el alga cochayuyo, una de las especies más ricas en yodo —un mineral escaso en los alimentos que no provienen del mar—, la utilizaremos por su poder gelificante. Es un alga autóctona de la costa peruana y chilena, muy nutritiva. Las encuentras deshidratadas en las tiendas de alimentación saludable. Una vez remojadas durante un par de horas mínimo y lavadas, las algas cochayuyo tienen un sabor bastante neutro que pasa desapercibido entre los otros ingredientes. Es uno de los alimentos más sencillos y enteros a la hora de utilizar un gelificante, tanto para dulce como para salado. Si las preparaciones son saladas, puedes saltarte el paso de remojar para obtener un interesante sabor a mar que recuerda lejanamente al marisco.

He utilizado también algas de lago verdes y verdiazules. A diferencia de las algas marinas, estas algas no contienen yodo, pero son mucho más ricas en clorofila, motivo por el que se les atribuye un mayor poder depurativo. Crecen y se cultivan en aguas alcalinas y el único tratamiento que reciben es el secado. Las encontrarás en su versión polvo o escamas en las tiendas de alimentación. Desde el punto de vista de la biología, no se las considera algas sino bacterias capaces de realizar la fotosíntesis. Son seres antiquísimos, familia casi sin evolución de los primeros seres vivos del planeta, los responsables de la producción de la capa de oxígeno de la Tierra —a través de la fotosíntesis— sin el que no hubiese existido la vida tal y como la conocemos.

En este libro he utilizado tres tipos de estas algas: chlorella, espirulina y klamath. Son de un color verde y azul muy intenso, su pigmentación delata sus grandes concentraciones de nutrientes. Se utilizan en muy poca cantidad tanto por la eficacia a efectos nutricional y terapéutico como por su gran poder de tinción. Aparte de las propiedades ya mencionadas que los tres tipos comparten, cada una es especial por su beneficioso efecto particular en nuestro organismo.

▬▬▬

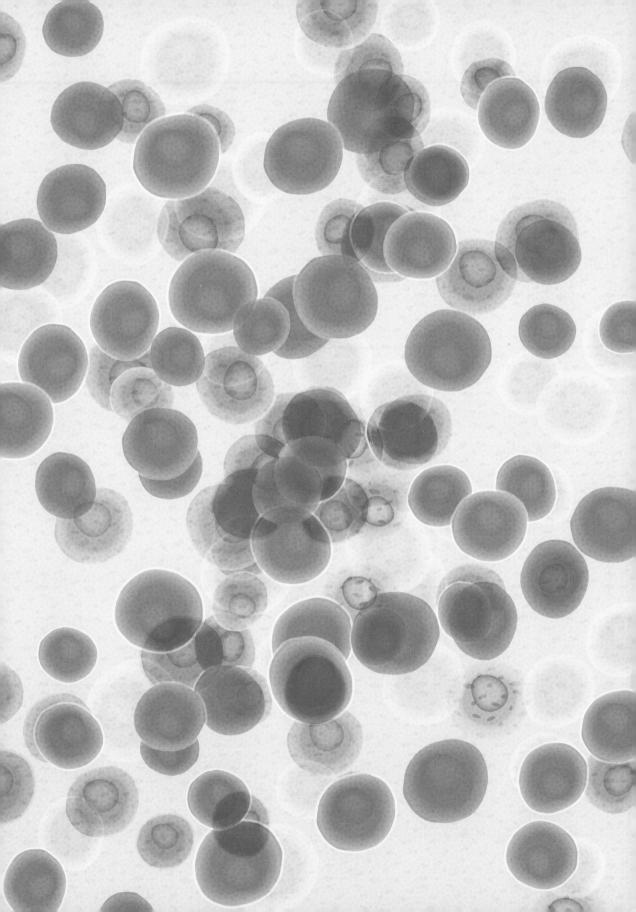

QUESOS de FRUTOS SECOS

Variaciones sobre dos bases: anacardos y nueces de macadamia

Las pastas de anacardos y macadamias nos dan los resultados más increíbles a la hora de preparar nuestros quesos. El anacardo, con su sabor lácteo y cremosidad, recuerda mucho en sabor y textura a la nata. La macadamia, el fruto seco más rico en ácidos grasos, con su color níveo, su textura grasa y su firmeza recuerda la textura de los quesos de leche de cabra.

Con estos dos ingredientes podemos hacer bases o pastas con o sin mezclar entre sí y conseguir resultados espectaculares.

-

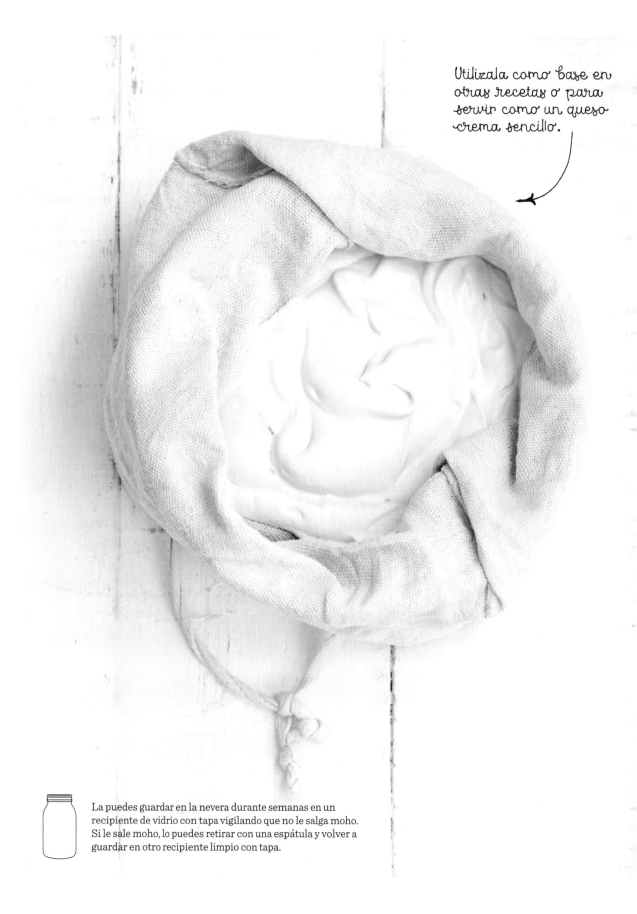

Utilízala como base en otras recetas o para servir como un queso crema sencillo.

La puedes guardar en la nevera durante semanas en un recipiente de vidrio con tapa vigilando que no le salga moho. Si le sale moho, lo puedes retirar con una espátula y volver a guardar en otro recipiente limpio con tapa.

Queso crema base de anacardos

Ingredientes

Para la pasta
2 T (300 g) de anacardos, remojar de 20 min a 2 h y lavar
$^1/_4$ T – $^1/_2$ T (125 ml – 60 ml) de rejuvelac según se necesite para procesar

Para dar sabor
1 $^1/_2$ C de levadura nutricional
1 C de zumo de limón
2 c de sal marina o del Himalaya

Método de preparación

Colocar los ingredientes para la pasta en un procesador de alimentos o una batidora de vaso y batir hasta obtener una crema muy suave.

Colocar la pasta resultante en una estameña de algodón o en un retazo de gasa, hacer un hatillo y suspender de un gancho en la cocina con un bol debajo para recoger el exceso de líquido, o bien dentro de un colador de malla suspendido en un bol con un peso encima (por ejemplo, un bote de vidrio con tapa lleno de agua) para fermentar y dejar escurrir el exceso de líquido durante 24 horas.

Una vez fermentado ya tienes tu pasta base. Utilízala como base en otras recetas o para servir como un queso crema sencillo.

Para dar sabor extra, mezclar todos los ingredientes en un bol de vidrio con la ayuda de una espátula. Dejar reposar en la nevera para que la mezcla tome consistencia como mínimo unas 2 horas.

Esta base la puedes utilizar para tus ensaladas, pizzas, lasañas, pasta e incluso para tus pasteles de queso.

Añádele un poco de agua de calidad al gusto y bate para obtener una salsa de queso con la que acompañar algunos platos que necesiten cremosidad o para decorar tus cremas y sopas.

De entre los frutos secos, los anacardos (realmente el anacardo es una semilla aunque se la clasifique como fruto seco) y las nueces de macadamia son los que mayores contenidos en lípidos tienen. Esto, en vez de ser una desventaja para la salud, es una ventaja especialmente si los consumimos acompañando nuestras ensaladas. ¿Por qué? Porque muchos de los nutrientes de los ingredientes de nuestra ensalada son liposolubles y nuestro organismo necesita de lípidos para absorberlos. En especial, la biodisponibilidad de los carotenoides presentes en verduras de hoja (luteína), verduras y frutas, alimentos de color rojo como el tomate (licopenos) y anaranjados como la zanahoria (betacarotenos) es mucho más elevada si los combinamos con alimentos grasos.

Queso base de macadamia

Ingredientes

Para la pasta
2 T (300 g) de nueces de macadamia, remojar durante 24 h y lavar cada 12 h
$^1/_2$ T – 1 T (125 ml – 250 ml) de rejuvelac según se necesite para procesar

Para dar sabor
1 $^1/_2$ C de levadura nutricional
2 c de sal marina o del Himalaya
1 C de zumo de limón recién exprimido
$^1/_8$ c de nuez moscada, recién molida
$^1/_8$ c de pimienta blanca, recién molida

Método de preparación

Colocar los ingredientes para la pasta en un procesador de alimentos o una batidora de vaso potente y batir hasta obtener una crema homogénea.

Colocar la crema resultante en una estameña de algodón o en un retazo de gasa, hacer un hatillo y suspender de un gancho en la cocina con un bol debajo para recoger el exceso de líquido o bien dentro de un colador de malla suspendido en un bol con un peso encima (por ejemplo, un bote de vidrio con tapa lleno de agua) para fermentar y dejar escurrir el exceso de líquido durante 24 horas.

Una vez fermentado ya tienes tu pasta base. Utilízala como base en otras recetas o para servir como un queso crema sencillo.

Para dar sabor extra, mezclar todos los ingredientes en un bol de vidrio con la ayuda de una espátula. Dejar reposar en la nevera para que la mezcla tome consistencia como mínimo unas 2 horas.

Puedes mezclar tu queso básico de macadamia —que recuerda al ricotta— con un pellizquito de sal extra, con trocitos de frambuesa o piña fresca o trocitos de albaricoques frescos, obtendrás así un fantástico queso *cottage* para untar en tus *crackers* y panes crudos.

Las nueces de macadamia contienen antioxidantes, vitaminas y minerales con un potencial significativo para la salud. Contienen altas cantidades de vitamina B_1 (tiamina) y magnesio, y solo una ración (unas 10 unidades) nos aporta el 58% del manganeso que necesitamos a diario y el 23% del valor diario recomendado de tiamina.

Son relativamente bajas en carbohidratos y proteínas, pero altas en ácido oleico y ácidos grasos monoinsaturados omega 9, el mismo ácido graso que encontramos en el saludable aceite de oliva, grasa de la buena —HDL, no LDL— que nuestro cuerpo necesita para combatir las enfermedades del corazón y reducir el riesgo de problemas cerebrovasculares y cardiovasculares.

Puedes servirlo acompañado de frutos rojos para un desayuno energético, ideal para días cargados de actividad; al cerebro le encantan las grasas naturales y saludables.

Podrás guardar estos quesos en la nevera durante semanas envueltos en papel de hornear sin blanquear en un recipiente de vidrio con tapa.

Queso joven cremoso

Ingredientes

1 receta de queso crema base de anacardos, sin los ingredientes para dar sabor (pág. 87)
2 C de shiro miso sin pasteurizar
2 C de rejuvelac

Método de preparación

Dividir el queso base en dos y dar forma de quesitos con la ayuda de un aro de emplatar sobre un recorte de papel de hornear sin blanquear.

En un bol pequeño, combinar el shiro miso con el rejuvelac y mezclar hasta obtener una pasta de consistencia suave.

Con un pincel de cocina suave, pintar los lados y la parte superior de los quesos.

Lo ideal sería dejarlo secar sobre una rejilla, sin quitar el papel de hornear, a temperatura ambiente en un lugar seco en la cocina durante unos cuatro días; pero también se puede colocar en el deshidratador a la temperatura más baja, 0 ºC si es posible, durante 48 horas.

Una vez la parte superior del queso esté seca al tacto, dar la vuelta a los quesitos con la ayuda del recorte del papel de hornear, colocar sobre un recorte nuevo y pintar con el resto de la mezcla de miso.

Repetir el proceso de secado durante cuatro días.

Si se crea moho blanco en el exterior lo puedes quitar con la ayuda de una espátula o dejarlo, el moho blanco no es dañino. Pero vigila que sea blanco, cuidado con el moho verde, negro, naranja rojizo o con aspecto piloso, pues es nocivo.

El miso es un fermentado tradicional japonés; se utiliza como alimento básico o como condimento y se puede preparar con diferentes tipos de granos. Principalmente se prepara a partir de granos de soja y un cultivo que inicia la fermentación, el *koji*, que se obtiene a su vez de la fermentación del arroz. El miso se puede envejecer durante años en barriles de madera de cedro, y es un alimento alto en aminoácidos y carbohidratos, pero bajo en grasas. Es interesante por su efecto probiótico y por su contenido en otros nutrientes: calcio, magnesio, potasio, fósforo, vitaminas A, E, del grupo B —entre ellas destacan el ácido fólico y la niacina.

El miso blanco se prepara añadiendo arroz a la base de la fermentación y los hay de diferentes tipos. El utilizado en esta receta es un miso blanco dulce, cremoso y de fermentación corta (solo meses) que se prepara añadiendo abundante cantidad de arroz y de *koji*; su contenido en soja es el más bajo de todas las variedades.

Queso cremoso con corteza negra

Ingredientes

1 receta de queso crema base de anacardos, sin los ingredientes para dar sabor (pág. 87)

4 C de mantequilla de sésamo negro

2 C de rejuvelac

Método de preparación

Dividir el queso base en dos y dar forma de quesitos con la ayuda de un arito de emplatar sobre un recorte de papel de hornear sin blanquear.

En un bol pequeño, combinar la mantequilla de sésamo negro con el rejuvelac y mezclar hasta obtener una pasta de consistencia suave.

Con un pincel de cocina suave, pintar los lados y la parte superior de los quesos.

Dejar secar sobre una rejilla, sin quitar el papel de hornear, a temperatura ambiente en un lugar seco en la cocina durante unos cuatro días; o colocar en el deshidratador a la temperatura más baja, 0 ºC si es posible, durante 48 horas.

Una vez que la parte superior del queso esté seca al tacto, dar la vuelta a los quesitos con la ayuda del recorte del papel de hornear, colocar sobre un recorte nuevo y pintar con el resto de la mezcla de sésamo negro.

Repetir el proceso de secado durante cuatro días.

Si se crea moho blanco en el exterior, lo puedes quitar con la ayuda de una espátula o dejarlo, el moho blanco no es dañino. Pero vigila que sea blanco, cuidado con el moho verde, negro, naranja rojizo o con aspecto piloso, pues es nocivo.

Para una mejor textura, envolver en papel de hornear sin blanquear y envasar al vacío utilizando bolsas de envasado al vacío.

El sésamo es una semilla muy rica en lípidos saludables, proteínas —contiene todos los aminoácidos esenciales—, minerales —calcio, boro, potasio—, vitaminas del grupo B y fitoesteroles; se le atribuyen además propiedades hepatoprotectoras.

En las tiendas lo encontrarás con cascarilla o pelado; el pelado, más dulce, apenas contiene calcio, ya que este se halla concentrado en la cascarilla.

El sésamo negro tiene unas propiedades muy parecidas a las del blanco, pero un mayor contenido en antioxidantes.

También puedes guardar estos quesos en la nevera durante semanas envueltos en papel de hornear sin blanquear en un recipiente de vidrio con tapa.

Dependiendo de la temperatura y la humedad que haya en la cocina, los tiempos de curado y secado cambiarán. Encuentra el tuyo experimentando con los tiempos.

Queso cremoso curado en hatillo

Ingredientes

1 receta de queso crema base de anacardos, sin los ingredientes para dar sabor (pág. 87)

1 C de zumo de limón

1 c de sal marina o del Himalaya

1 C de shiro miso sin pasteurizar

Método de preparación

En un bol de vidrio combinar todos los ingredientes y mezclar homogéneamente con la ayuda de una espátula.

Colocar esta mezcla en una estameña de algodón o en dos retazos de gasa y hacer un hatillo, suspender de un gancho y dejar secar, colgado, en un lugar seco en la cocina.

Dejar secar durante una semana.

Transcurrida la semana, sacar del paño con cuidado de mantener la forma, colocar en otro paño de algodón fino y repetir la operación de colgado y secado otra semana.

Volver a repetir estos dos pasos. En total, serían cuatro semanas de secado a temperatura ambiente. Si se quiere un sabor menos fermentado o una textura aún cremosa en el interior, reducir el proceso de curado a dos semanas.

Durante este tiempo, el queso irá fermentando y secándose, creando una fina corteza.

Se puede acelerar el proceso de secado de los primeros días para asegurarnos de que no salga moho en el paño, puedes colocar en el deshidratador a la temperatura más baja (0 °C si es posible) y deshidratar durante 48 horas o hasta que el paño se note completamente seco por fuera.

Luego, iniciar el proceso de curado a temperatura ambiente como se explica arriba, colgando el queso en un hatillo de tela de algodón fina o una estameña de algodón durante una o dos semanas.

El anacardo es una buena fuente de ácido oleico monoinsaturado y ácido alfalinoleico omega 3, dos ácidos grasos que refuerzan el sistema cardiovascular y previenen enfermedades como el cáncer. Son ricos en calcio, magnesio, hierro, zinc y folatos; los minerales claves para una buena salud ósea; pero también favorecen la producción de colágeno, que interviene en la formación de otros tejidos como la piel.

Los anacardos no suelen ser crudos, con lo que no podemos decir que se tienen que activar, simplemente los remojamos, serán mucho más digestivos y fermentarán mucho mejor. A veces nos venden como crudos anacardos que no han sido tostados u horneados, aunque sí han sido sometidos al calor —vapor— para eliminar el aceite cáustico —urushiol— propio de la cáscara que protege la semilla.

Crema de «cabrawles»

Ingredientes
1 receta para queso crema base de anacardos, sin los ingredientes para dar sabor (pág. 85)

Método de preparación
Este queso crema es muy sencillo de hacer, su única dificultad radica en curarlo bien.

Colocar el queso crema base de anacardos en un retazo de gasa y hacer un hatillo, o en una estameña de algodón y dejar suspendido dentro de un recipiente de vidrio tapado en un sitio cálido de tu cocina. Puedes utilizar un bote de conservas alto con tapa de cierre de grapas o pinza y pellizcar el borde de la estameña o hatillo al cerrar con la tapa para que queden suspendidos dentro del bote cerrado.

Dejar fermentar durante una semana a temperatura ambiente. Durante ese tiempo, cambiar el queso de estameña o hatillo cada 24 horas para evitar que se produzca moho en el exterior de la bolsa. Se necesitarán así dos estameñas o dos paños de gasa para ir cambiándolo durante el proceso de fermentado.

Una vez fermentada durante una semana, colocar la crema en un recipiente de vidrio con tapa en la nevera. Llenar solo tres cuartos del recipiente.

Dejar que siga fermentando en la nevera durante un mes vigilando que no se forme moho en la superficie. Si sale moho, retirar con una espátula y volver a refrigerar con tapa.

Tras un mes, comprobar el olor. Cuando este sea intenso, entre camembert y cabrales, tu crema estará lista para que prepares otros platos, hagas quesos o la añadas tal cual a tus ensaladas.

El anacardo es un alimento rico en triptófano, un aminoácido esencial precursor de la serotonina que nos ayuda a relajar la mente y cuya deficiencia o carencia se relaciona con síntomas de depresión, ansiedad, angustia, tristeza, irritabilidad, trastornos del sueño, trastornos alimenticios y comportamientos compulsivos. Para asimilarlo el organismo necesita combinar los alimentos ricos en triptófano —anacardos, cacao, dátiles, sésamo, pipas de girasol y calabaza, plátano, calabaza, espirulina...— con carbohidratos, ácidos grasos omega 3, magnesio, zinc o vitamina B_6. El anacardo, de por sí, ya contiene todos estos nutrientes de manera natural.

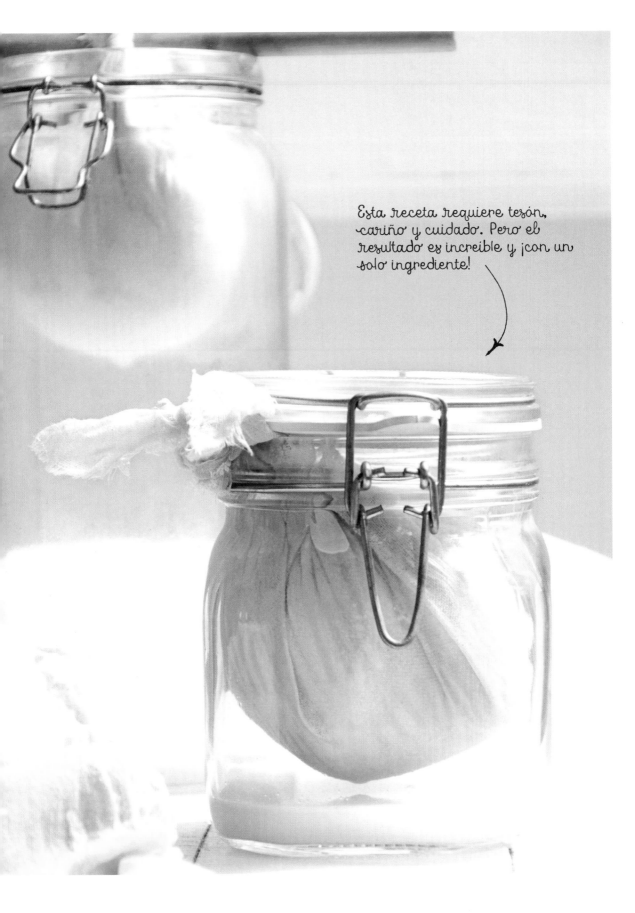

Esta receta requiere tesón, cariño y cuidado. Pero el resultado es increíble y ¡con un solo ingrediente!

La pimienta rosa es una falsa pimienta, ya que el árbol del que proviene no es de la misma familia botánica y el fruto no es picante, sino afrutado y ligeramente ácido.

Tres cabritas de macadamia

Ingredientes

1 receta de queso base de macadamia, sin los ingredientes para dar sabor (pág. 88)

2 C de aceite de coco crudo, en estado líquido

2 C de zumo de limón

2 C de ralladura de piel de limón

1 diente de ajo fresco y rallado en puré

2 C de pimienta rosa en grano

2 C de hojas de eneldo fresco o deshidratado

Método de preparación

En un bol de vidrio mezclar la pasta de macadamia con el aceite de coco y el zumo de limón y mezclar muy homogéneamente con la ayuda de una espátula.

Divide esta pasta en tres partes iguales para preparar tres pequeños rulos.

Con la ayuda de un recorte rectangular de papel de hornear sin blanquear de unos 20 cm de ancho, dar forma a las tres porciones, enrollando y apretando desde el extremo más cercano a ti hacia el extremo opuesto hasta obtener un rulo compacto.

Mezclar la ralladura de limón con el puré de ajo y rebozar el primer rulo con esta mezcla.

Rebozar el segundo rulo con la pimienta rosa. Si te parece mucha cantidad, se puede trocear un poco en un mortero y rebozar con la mitad de la cantidad de pimienta.

Rebozar el tercer rulo con las hojas de eneldo.

Envolver cada rulo en papel de hornear sin blanquear y dejar curar en la nevera durante 48 horas sobre una rejilla o bien en un lugar fresco, seco y ventilado en tu cocina.

La pimienta rosa es muy rica en flavonoides, muy antioxidante, y se le atribuyen —como al resto de la planta— propiedades medicinales de efectos anticancerígenos, antiinflamatorios, antidepresivos y bactericidas.

Quesos azules de anacardo y de macadamia

Ingredientes

1 receta de queso crema base de anacardos, sin los ingredientes para dar sabor (pág. 87)

1 receta de queso base de macadamia, sin los ingredientes para dar sabor (pág. 88)

2 C de levadura nutricional

1 $\frac{1}{2}$ C de espirulina en polvo

1 C de alga chlorella en polvo

1 C de tamari sin pasteurizar

2 C de aceite de coco crudo, en estado líquido

1 C de zumo de limón

Método de preparación

Colocar las pastas de anacardo y macadamia por separado en boles diferentes.

Añadir a cada pasta una cucharada sopera de levadura nutricional y media cucharada sopera de zumo de limón y mezclar homogéneamente con la ayuda de una espátula.

Añadir el aceite de coco a la pasta de macadamia y mezclar homogéneamente.

Reservar la pasta de macadamia en la nevera para que gane consistencia mientras se prepara el queso azul de anacardos.

Para el queso azul de anacardos

Separar una cuarta parte de la pasta de anacardos y combinar con el tamari, la mitad de la espirulina y la mitad de la chlorella.

Mezclar de manera irregular con la ayuda de una espátula.

Utilizar aritos de emplatar sobre un trozo de papel de hornear sin blanquear para dar forma a los quesos rellenando con la ayuda de una espátula, alternando la pasta blanca de anacardos con la pasta mezclada con las algas.

Dejar secar en una rejilla sobre el papel de hornear en un sitio aireado y seco en la cocina durante unos cuatro días, volteando los quesitos cada 12 horas. O utilizar el deshidratador con el mismo fin durante dos días a la temperatura más baja posible, a 0 ºC si el deshidratador lo permite.

Para el queso azul de macadamia

Utilizar aritos de emplatar cuadrados sobre un trozo de papel de hornear sin blanquear para dar forma a los quesos rellenando con la pasta de macadamia y la ayuda de una espátula.

Espolvorear las pastas de macadamia con el resto de la alga espirulina y la chlorella, dándoles la vuelta para espolvorear por todo el exterior.

Dejar secar en una rejilla sobre el papel de hornear en un sitio aireado y seco en la cocina durante unos cuatro días, volteando los quesitos cada 12 horas. O utilizar el deshidratador con el mismo fin durante dos días a la temperatura más baja posible, a 0 °C si el deshidratador lo permite.

Pasado este tiempo, trocear de manera irregular.

Utilizar aritos de emplatar cuadrados sobre un trozo de papel de hornear sin blanquear y colocar estos recortes dentro presionando suavemente con los dedos para volver a dar forma de queso con vetas verdiazules en el interior.

La chlorella es un alga de lago rica en ácidos nucleicos a los que se denomina CGF, factor de crecimiento de la chlorella o *chlorella growth factor*. Esta sustancia físicamente activa favorece el crecimiento de la propia planta, pero su consumo también favorece la regeneración celular y las etapas de crecimiento en el ser humano.

La espirulina es también un alga verdiazul de lago y uno de los alimentos vegetales con más alta concentración de nutrientes que se conocen. Rica en el complejo de la vitamina B, contiene todos los aminoácidos descubiertos hasta la actualidad (esenciales y no esenciales), rica en betacarotenos y una de las mayores fuentes de hierro que se conoce, del que se dice que se absorbe dos veces mejor que cualquier otro tipo de hierro hemo o no hemo; por este motivo se suele recomendar como el mejor alimento antianémico.

Puedes guardar tus quesitos azules en la nevera durante un par de semanas envueltos en papel de hornear sin blanquear cuidando que no les salga moho.

Estos quesitos mozzarawlla son ideales servidos a la caprese (con tomate, albahaca y unas gotitas de aceite de oliva), con pesto de albahaca y piñones o como topping en pizzas raw.

« Mozzarawlla »

Ingredientes
1 T de queso base de macadamia, sin los ingredientes para dar sabor (pág. 88)

$^1/_2$ T de pulpa de coco joven (suele ser un solo coco joven)

1 C de cáscara de psyllium en polvo

1 C de aceite de coco crudo, en estado líquido

$^1/_4$ c de levadura nutricional

2 c de zumo de limón

1 pellizquito de sal marina o del Himalaya

Método de preparación
Colocar todos los ingredientes menos el queso base en una batidora y batir hasta obtener una mezcla suave. Añadir rejuvelac según se necesite para moler mejor.

Mezclar muy bien con la pasta de macadamia en un bol con la ayuda de una espátula.

Dividir esta mezcla cremosa en porciones iguales.

Envolver cada porción en *film* de cocina haciendo una especie de hatillo y fijar con cinta adhesiva para que el hatillo haga presión y dé forma a los quesos.

Guardar en la nevera unas 24 horas para que ganen consistencia y se armonicen los sabores. Transcurrido este tiempo ya estarán listos para servir.

La albahaca, como la menta, es una hierba aromática de grandes propiedades antioxidantes y anticancerosas. Se le otorgan propiedades que protegen al ADN de las mutaciones, inhibiendo así algunos tipos de carcinógenos.

Tanto su aroma como su consumo en la dieta y, especialmente, su extracto, tienen efectos antiestresantes. A este efecto antiestrés y mitigador del agotamiento nervioso se lo relaciona con la prevención del ictus o embolia cerebral. Además, la albahaca puede incidir en la prevención de los infartos cerebrales y ayuda en su recuperación.

Variaciones sobre base de almendras

Aunque la almendra no es tan cremosa ni tan grasa como el anacardo y la nuez de macadamia, no deja de ser uno de los frutos secos estrella para preparar quesos vegetales de increíble sabor. Sobre todo, sorprende en las elaboraciones curadas que recuerdan mucho a las texturas de los quesos viejos.

Por otra parte, es un fruto seco alcalinizante y de efecto mucho más digestivo.

-

Queso base de almendra

Ingredientes

2 T (300 g) de almendras crudas, activar durante 24 horas y pelar

$^1/_2$ T – 1 T (125 ml – 250 ml) de rejuvelac según se necesite para procesar

Para dar sabor

1 $^1/_2$ C de levadura nutricional

1 C de zumo de limón

2 c de sal marina o del Himalaya

Método de preparación

Colocar los ingredientes para la pasta en un procesador de alimentos o una batidora de vaso y batir hasta obtener una crema muy suave.

Colocar la crema resultante en una estameña de algodón o en un retazo de gasa, hacer un hatillo y suspender de un gancho en la cocina con un bol debajo para recoger el exceso de líquido, o bien dentro de un colador de malla suspendido en un bol con un peso encima (por ejemplo, un bote de vidrio con tapa lleno de agua) para fermentar y dejar escurrir el exceso de líquido durante 24 horas.

Una vez fermentado ya tienes tu queso básico. Utilízalo como base en otras recetas o para servir como un queso crema sencillo.

Para dar sabor extra, mezclar en un bol de vidrio con los ingredientes para dar sabor con la ayuda de una espátula. Dejar reposar en la nevera para que la mezcla tome consistencia como mínimo unas 2 horas.

Las almendras crudas, uno de los pocos frutos secos alcalinizantes, son naturalmente ricas en una variedad de ácidos grasos, minerales y antioxidantes revitalizantes.

Las almendras pueden ayudar a mejorar la sensibilidad a la insulina y otros factores de riesgo cardiaco entre las personas con prediabetes; su alto contenido en fibra regula los niveles de azúcar en sangre. También se le atribuye un efecto prebiótico, lo que puede estimular la salud del sistema inmunológico, aparte del intestinal.

Son un buen aporte de zinc, magnesio, potasio y la antioxidante vitamina E que refuerza la salud del cerebro, los sistemas cardiovascular y respiratorio y contribuye a la salud de la piel. Son también ricas en saludables ácidos grasos oleico y palmitoleico.

Lo ideal es consumirlas con la piel, ya que sus flavonoides trabajan en sinergia con la vitamina E, multiplicando su poder antioxidante.

Queso fresco de almendra con pesto y tomates secos

Ingredientes

Para el queso
1 receta de queso base de almendra, sin los ingredientes para dar sabor (pág. 109)
2 C de zumo de limón
2 C de levadura nutricional
1 pellizquito de sal marina o del Himalaya
1 diente de ajo fresco y rallado en puré
1 c de cebolla blanca rallada

Para el pesto
1/4 T de hojas de albahaca fresca, bien prensadas
1 ajo, chafado y con la piel
2 C de zumo de limón
2 C de aceite de oliva virgen extra
1 pellizquito de sal marina o del Himalaya

Para el relleno de tomate
10 tomates secos (20 mitades, unos 170 g), sin rehidratar y troceados

Método de preparación

Combinar en un bol todos los ingredientes para el queso y mezclar bien con una espátula.

Reservar en la nevera mientras se prepara el pesto.

Combinar todos los ingredientes para el pesto en una batidora o robot de cocina y triturar de manera no homogénea, pulsando de manera discontinua hasta obtener una textura de picado.

Con la ayuda de un aro de unos 10 cm de diámetro, dar forma al queso: primero añadir una capa de queso de almendras, luego una de tomate seco troceado, luego una de pesto y finalmente una capa de queso de almendras.

Dejar el aro y reservar en la nevera durante una hora mínimo.

Retirar el aro a la hora de servir. Si no se sirve a la hora, retirar el aro y mantener refrigerado en un recipiente de vidrio con tapa.

La variedad de tomate morado, que existe tanto en sus variedades artificial —modificación genética— como natural, contiene también antocianinas y glutatión, dos de los más potentes antioxidantes en nuestros alimentos.

El licopeno, de entre sus nutrientes, destaca por ser un potente fortalecedor de los vasos sanguíneos y un regulador de los niveles de colesterol, protege ojos y piel, refuerza la inmunidad y se le atribuyen propiedades reductoras del riesgo de cáncer de próstata y de mama.

Desde el punto de vista botánico, el tomate es una fruta, aunque se emplea como una hortaliza en platos salados. De los frutos que nos ofrece la naturaleza, es uno de los más poderosos a nivel de antioxidantes y propiedades medicinales por su contenido en vitamina C y, en el caso del tomate rojo, los cuatro carotenoides: alfa y betacaroteno, luteína y licopeno.

Queso viejo de almendra y nuez de Brasil con tomate y romero

Ingredientes

Para el queso

½ receta de queso base de almendra, sin los ingredientes para dar sabor (pág. 109)

1 T (150 g) de nueces de Brasil, remojar 8–12 h y lavar

1 T de rejuvelac

2 C de aceite de coco crudo, en estado líquido

2 C de zumo de limón

2 C de levadura nutricional

1 c de sal marina o del Himalaya (prescindir si los tomates son salados)

1 diente de ajo fresco y rallado en puré

1 c de cebolla blanca rallada

Para dar sabor

4 tomates secos (8 mitades, unos 65 g) sin rehidratar y troceados

1 C de romero deshidratado, recién molido

Método de preparación

Combinar las nueces de Brasil y el rejuvelac en una batidora de vaso y batir muy bien hasta obtener una mezcla muy suave.

Colocar la pasta resultante en una estameña de algodón o en un retazo de gasa, hacer un hatillo y suspender de un gancho en la cocina con un bol debajo para recoger el exceso de líquido, o bien dentro de un colador de malla suspendido en un bol con un peso encima (por ejemplo, un bote de vidrio con tapa lleno de agua) para fermentar y dejar escurrir el exceso de líquido durante 24 horas.

Colocar la pasta fermentada con nueces de Brasil con el resto de los ingredientes para el queso en un procesador de cocina y procesar hasta obtener una mezcla muy homogénea y suave.

Añadir los ingredientes para dar sabor y mezclar con una espátula; dividir en dos o tres porciones iguales y dar forma circular usando un aro para emplatar sobre papel de hornear sin blanquear.

Dejar secar sobre una rejilla sobre el papel de hornear, en un lugar bien ventilado en la cocina donde no le dé la luz del sol directa, durante una o dos semanas.

Es importante, durante este tiempo, dar la vuelta al queso cada 12 horas.

Las nueces de Brasil son ricas en proteínas, grasas y, en menor cantidad, carbohidratos de buena calidad; en fibra, potasio, fósforo, magnesio, calcio, vitamina E, contienen vitamina B_1, B_2 (riboflavina), B_9 (ácido fólico), zinc, hierro y lo mejor es que contienen grandes cantidades de selenio, un mineral escaso en el reino vegetal y que es imprescindible para fortalecer el sistema inmunitario, el pelo, la piel, las uñas, es antiinflamatorio, muy antioxidante y mejora la circulación sanguínea previniendo enfermedades de origen cardiovascular.

Queso viejo de almendra ahumado

Ingredientes

Para la base

2 T (300 g) de almendras crudas, activar durante 24 horas y pelar

$^1/_2$ T – 1 T (125 ml – 250 ml) de rejuvelac preparado con agua de infusionar té negro ahumado

Para dar sabor

1 diente de ajo fresco y rallado en puré

1 c de cebolla blanca rallada

2 C de hatcho miso sin pasteurizar

Método de preparación

Preparar la base igual que en el queso base de almendra (pág. 109).

Una vez fermentada la pasta de almendras, mezclar muy bien con el resto de los ingredientes en un bol con la ayuda de una espátula.

Dar forma circular usando un aro para emplatar sobre papel de hornear sin blanquear.

Dejar secar sobre una rejilla sobre el papel de hornear, en un lugar bien ventilado en la cocina, durante una o dos semanas.

Es importante, durante este tiempo, dar la vuelta al queso cada 12 horas.

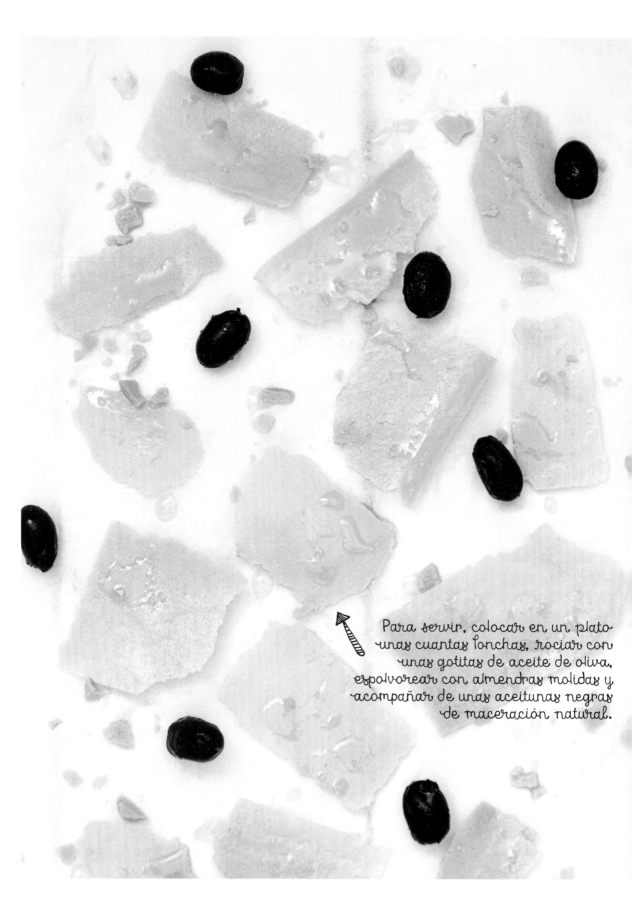

Para servir, colocar en un plato
unas cuantas lonchas, rociar con
unas gotitas de aceite de oliva,
espolvorear con almendras molidas y
acompañar de unas aceitunas negras
de maceración natural.

Raw manchego

Ingredientes

$^1/_2$ receta de queso crema base de anacardos, con los ingredientes para dar sabor (pág. 87)

$^1/_2$ receta de queso base de almendra, sin los ingredientes para dar sabor (pág. 109)

1 C de aceite de oliva virgen extra

1 c de zumo de limón

Método de preparación

Mezclar todos los ingredientes muy bien en un bol con la ayuda de una espátula.

Extender el queso crema en las láminas antiadherentes del deshidratador de la manera más homogénea posible, con la ayuda de una espátula, en láminas muy finas, unos 2 mm por ejemplo. Marcar líneas de corte para poder cortar los trocitos sin que se quiebren las lonchas cuando las láminas estén listas.

Deshidratar a 38 ºC durante 8–12 horas o hasta que las láminas estén suficientemente deshidratadas como para poder darles la vuelta.

Dar la vuelta y deshidratar durante 6 horas más.

Una vez deshidratado, cortar en los pedacitos rectangulares que se habían marcado previamente.

Guardar refrigerados envueltos en papel de hornear sin blanquear con papel extra entre las lonchas para que no se peguen entre ellas.

Queso viejo de almendra macerado en aceite de oliva

Para el queso

$1/2$ receta de queso crema base de anacardos, con los ingredientes para dar sabor (pág. 87)

$1/2$ receta de queso base de almendra, sin los ingredientes para dar sabor (pág. 109)

1 diente de ajo fresco y rallado en puré

2 C de zumo de limón

1 C de levadura nutricional

Para la maceración

Suficiente aceite de oliva virgen extra para cubrir el queso

2 chiles secos

2 ajos, chafados y con la piel

1 raíz de cúrcuma de unos 5 cm, cortada a rodajitas finas

1 C de pimienta negra en grano

4 hojas de laurel

Método de preparación

Mezclar todos los ingredientes muy bien en un bol con la ayuda de una espátula. Dar forma de bloque rectangular de unos 4 cm de altura sobre un recorte de papel de hornear sin blanquear.

Colocar en una bandeja en el deshidratador y deshidratar a la temperatura más baja durante 24 horas, a 0 °C si el deshidratador lo permite. Dar la vuelta y deshidratar durante 24 horas más.

Curar durante dos semanas en un lugar ventilado y seco en la cocina donde no incida la luz del sol directa, sobre una rejilla no metálica. Dar la vuelta cada día para que la humedad se distribuya de manera homogénea.

Una vez curado durante las dos semanas, cortar en cubos con la ayuda de un cortador de quesos de hilo.

Colocar los cubitos en un bote para conservas alternando con el laurel, el ajo, el chile, la cúrcuma y la pimienta. Cubrir con aceite de oliva y reservar en un lugar en la cocina donde no incida la luz del sol directa durante como mínimo una semana.

Los pimientos chile, la cayena o los jalapeños son ricos en un compuesto alcaloide conocido como capsaicina, responsable de su sabor picante, y con varios beneficios para la salud. Este alcaloide reduce los riesgos de desarrollar úlceras gástricas ya que inhibe la secreción de ácidos y mejora el flujo de sangre de la mucosa gástrica, ayudando a prevenir la incidencia de úlceras y facilitando su curación si existen. Este compuesto también estimula neuronas en el estómago y crea un escudo protector contra sustancias químicas presentes en el tracto digestivo que puedan causar lesiones. La capsaicina también puede aumentar el metabolismo contribuyendo a la pérdida de peso por estimulación de la grasa marrón y la quema de calorías. A los alimentos ricos en este compuesto se les atribuye actividad antidiabética junto con la disminución de la tasa de riesgo de aterosclerosis, enfermedades cardiovasculares, accidentes cerebrovasculares, hipertensión y propiedades antiinflamatorias, anticancerosas y antiálgicas.

El aceite que sobre una vez consumido todo el queso se puede volver a utilizar para futuras maceraciones o para darle amor a tus ensaladas.

↗

Servir con ensaladas
o vegetales crudos:
barquitas de apio,
endivias, palitos de
zanahoria, rodajitas de
remolacha...

Crema de queso de almendras

Ingredientes

$1/2$ T de mantequilla de almendra cruda
$1/4$ T - $1/2$ T de rejuvelac
8 C de zumo de limón
2 C de levadura nutricional

Método de preparación

Combinar todos los ingredientes en una batidora de vaso y batir hasta obtener una crema muy suave.

A la hora de añadir el agua, la cantidad dependerá de lo líquida que sea la mantequilla o pasta de almendra. Si es una mantequilla muy líquida, añadir menos agua, y siempre poco a poco hasta conseguir la textura deseada.

Colocar en un bol de vidrio, cubrir con un paño de algodón limpio y dejar fermentar a temperatura ambiente durante 24 horas.

Después de la fermentación breve, dejar reposar 30 minutos mínimo en la nevera.

Queso cremoso de almendra curado con vinagre de manzana

Ingredientes
1 receta de crema de queso de almendra (pág. 121)
1 C de cáscara de psyllium en polvo
2 C de levadura nutricional
$^1/_4$ T de vinagre de manzana sin pasteurizar

Método de preparación
Colocar la crema de queso de almendras y el psyllium en una batidora de vaso y batir hasta obtener una mezcla elástica.

Dividir en varias porciones de tamaño al gusto (unas cinco), espolvorear con la levadura nutricional y colocar en recortes de papel de hornear sin blanquear.

Verter el vinagre en una botella con vaporizador en espray y pulverizar los quesos con el vinagre.

Colocar los quesos en el deshidratador y deshidratar durante cuatro días a la temperatura más baja, si es posible 0 °C, sin temperatura añadida.

Dar la vuelta a los quesos cada 12 horas durante este tiempo y pulverizar con el vinagre de manzana cada vez que se haga.

Una vez curados así durante los cuatro días, envolver en papel de hornear sin blanquear y guardar en la nevera como mínimo unas 4 horas para conseguir una consistencia firme.

Del vinagre de sidra de manzana se dicen muchas cosas que lo han convertido en una especie de bebida milagrosa. Sin embargo, hay poco científicamente comprobado sobre su calificación de supernutricional. Lo que sí que parece ser es que el ácido acético que contiene puede aumentar la absorción de minerales en el organismo a través de los alimentos que consumimos, de ahí su efecto alcalinizante. A la hora de comprarlo, es muy importante que sea sin pasteurizar y lo más turbio posible, señal de que no ha sido ultrafiltrado ni refinado; de esta manera, también tiene propiedades probióticas.

También se le atribuyen propiedades que ayudan a regular los niveles de insulina. Esto puede ser debido a que podría inactivar algunas enzimas digestivas involucradas en la metabolización de los carbohidratos de los alimentos ricos en azúcar, cosa que ralentiza su absorción, dándole al cuerpo más tiempo para eliminar el azúcar en sangre e impidiendo los picos de insulina.

Se puede guardar en la nevera envuelto en papel de hornear sin blanquear durante unas cuatro semanas o más, siempre que no salga moho.

Este es un queso de un sabor muy especial, aceitoso y cremoso con una textura similar a la del brie.

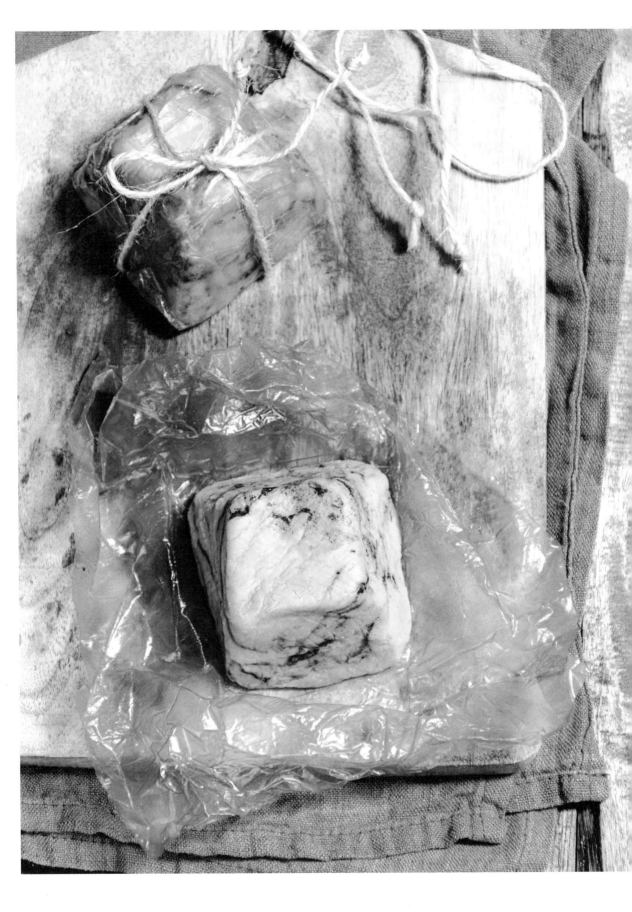

Queso azul de almendra y anacardo

Ingredientes

1 receta de queso crema base de anacardos, sin los ingredientes para dar sabor (pág. 87)
1 receta de crema de queso de almendra (pág. 121)
4 C de levadura nutricional
2 C de aceite de coco crudo, en estado líquido
1 c de cúrcuma en polvo
2 C de zumo de limón
1 c de alga klamath en polvo

Método de preparación

Colocar las pastas de almendra y anacardos en un bol de vidrio con el resto de los ingredientes menos el alga klamath y mezclar homogéneamente con la ayuda de una espátula.

En un recorte de papel de hornear sin blanquear, extender la pasta en una lámina de un grosor de unos 4 cm.

Colocar en una bandeja en el deshidratador y deshidratar durante 12 horas a la temperatura más baja posible, si el deshidratador lo permite a 0 °C, sin calor añadido.

Transcurridas las 12 horas, rellenar moldes piramidales con esta mezcla con la ayuda de una espátula espolvoreando con un poco de klamath entre capas a medida que se rellenan los moldes. No hace falta utilizar mucha klamath, ya que tiene un poder de tinción muy fuerte.

Para que sea más fácil desmoldar luego, forra los moldes con papel de hornear sin blanquear o con *film* de cocina. Refrigerar la mezcla en la nevera durante 8 horas para que la pasta gane consistencia.

Transcurridas las 8 horas, desmoldar y colocar las pirámides de queso sobre recortes individuales de papel de hornear sin blanquear.

Dejar secar en una rejilla sobre el papel de hornear en un sitio aireado y seco en la cocina durante unos cuatro días, volteando los quesos cada 12 horas. O utilizar el deshidratador con el mismo fin durante dos días a la temperatura más baja posible, a 0 °C si lo permite el deshidratador. Envolver en papel de hornear sin blanquear y reservar en la nevera hasta la hora de servir.

El alga klamath es un alga verdiazul menos común que las algas espirulina y chlorella. Crece de manera natural en el lago Upper Klamath, en Canadá, alimentada por las grandes cantidades de minerales de las puras aguas de este lago.

Se le atribuyen propiedades muy parecidas a las de la espirulina, pero con todavía mayores concentraciones de nutrientes. Sus contenidos en hierro todavía se asimilan mucho mejor que los de la espirulina, por la mayor presencia de los conutrientes vitamina C y molibdeno.

Entre las propiedades terapéuticas del alga klamath destacan sus funciones inmunomoduladoras, antioxidantes, anticancerosas, antivirales, neurorregenerativas y hematopoyéticas (estimulan la formación de componentes celulares de la sangre); aumenta la capacidad de asimilación de aminoácidos estimulando el crecimiento muscular y orgánico, contribuye a la normalización del metabolismo glucémico, y su contenido en feniletilamina —también conocida como la molécula del amor— contribuye al aumento de la cantidad de dopamina libre circulante, incrementando su transmisión, aliviando la depresión, estabilizando el estado de ánimo, mejorando la agudeza mental y la memoria y estimulando los sentimientos de felicidad y afecto.

Queso crema de almendra y anacardo curado con corazón de trufa

Ingredientes

Para el queso

1 receta de queso crema base de anacardos, sin los ingredientes para dar sabor (pág. 87)

1 receta de crema de queso de almendra (pág. 121)

4 C de levadura nutricional

2 C de aceite de coco crudo, en estado líquido

2 C de zumo de limón

Para el corazón de trufa

1 trufa de unos 5 cm de diámetro

$1/8$ T de aceite de oliva virgen extra

Método de preparación

Para el corazón de trufa

En un botecito de vidrio con tapa de unos 45 ml colocar la trufa entera y cubrir completamente con el aceite de oliva.

Dejar macerar así durante una semana como mínimo.

Una vez macerada, laminar la trufa en láminas muy finas, de unos 2 mm; puedes usar una mandolina.

Reservar en el botecito de aceite.

Para el queso

Colocar las pastas de almendra y anacardos en un bol de vidrio con el resto de los ingredientes para el queso y mezclar homogéneamente con la ayuda de una espátula.

Utilizar un aro de emplatar circular de unos 10 cm o del tamaño deseado sobre un recorte de papel de hornear sin blanquear y rellenar hasta la mitad con parte de la pasta.

Añadir una fina capa de trufa en láminas.

Cubrir hasta el tope del aro con más pasta de queso. Desmoldar y repetir con el resto de la pasta y la trufa hasta que se acaben los ingredientes.

Colocar en una bandeja en el deshidratador con el papel de hornear y deshidratar durante 12 horas a la temperatura más baja posible, si el deshidratador lo permite a 0 °C, sin calor añadido.

Transcurridas las 12 horas, dar la vuelta y volver a deshidratar otras 12 horas.

El resultado es muy especial, un queso cremoso y firme, aceitoso y de suave sabor trufado que se deshace en la boca.

Como el resto de las setas,
la trufa —de la que existen
diversas variedades— es rica
en vitaminas, especialmente
del grupo B, y minerales
como el potasio, calcio,
fósforo, hierro, magnesio y
sodio; también destacan por
ser proteicas.

Transcurridas estas segundas 12 horas de deshidratación, dejar secar los quesos en una rejilla no metálica en un sitio aireado y seco en la cocina durante unos cuatro días, volteándolos cada 12 horas.

Una vez transcurridos estos cuatro días, envolver los quesos en papel de hornear sin blanquear y envasar al vacío en bolsas para este fin. De esta manera, los aceites y los aromas de la trufa impregnarán la pasta del queso desde su centro hasta el exterior.

La trufa es una seta de la familia de las tuberáceas, los hongos de esta familia crecen bajo el suelo en simbiosis con las plantas y se desarrollan de manera parecida a las patatas creciendo en forma de rizoma.

A diferencia del resto de las setas, las trufas —de un intenso sabor— se utilizan como una especia, como un condimento en pequeñas cantidades para aportar un aroma especial al plato al que se añaden.

Lo mejor es comprarlas frescas y, para conservarlas, macerarlas en el mejor aceite de oliva virgen extra y guardarlas en la nevera en un botecito de vidrio con tapa.

Se encuentran también en el mercado ya maceradas en aceite, pero no conviene comprarlas así, para asegurarnos de la calidad y el frescor de los ingredientes y evitar los que no son tan puros, ya que en general se les añaden aditivos químicos para preservar mejor el producto.

También existen aceites ya trufados en el mercado, solo el aceite sin las trufas, a un precio asequible (las trufas son bastante caras, aunque, por otra parte, se necesita muy poca cantidad). Es mejor evitar los aceites trufados, ya que la mayoría no se hacen con trufas reales, sino con tioéter, un compuesto químico con base azufrada y caracterizado por su mal olor, que se añade como sabor a un aceite de oliva o de semillas de uva —estos últimos son aceites muy procesados y refinados, nada saludables y muy *proaging*.

Como siempre, nada mejor que preparar nuestros condimentos en casa.

Es un queso crema ideal para acompañar con guacamole y «crackers raw» crujientes.

Queso «fundido» de almendras con calabaza fermentada

Ingredientes

Para la calabaza fermentada

250 g de calabaza cacahuete con sus semillas, previamente pelada

$^1/_2$ T de agua de mar

$^1/_2$ T de agua de calidad

Para el queso

1 $^1/_4$ T (250 g) de mantequilla de almendra

2 C de cáscara de psyllium en polvo

Método de preparación

Para la calabaza fermentada, cortar la calabaza en cubitos y colocar en un bote de vidrio de 1,5 litros con tapa, tiene que quedar como mínimo un cuarto del bote vacío.

Mezclar las dos aguas y cubrir la calabaza con la mezcla; los cubitos de calabaza tienen que quedar cubiertos, si no es así, añadir un poco más de esta agua al 50% agua de mar y 50% agua dulce hasta cubrir del todo.

Cerrar el bote con su tapa y dejar fermentar durante tres días sin mover en un lugar tranquilo en la cocina donde no dé la luz del sol o en una fermentadora a 25 °C.

Una vez fermentada la calabaza, colocar el contenido íntegro del bote en una batidora de vaso junto con los ingredientes para el queso y batir hasta obtener una crema suave.

Colocar en un bol de vidrio con tapa y dejar fermentar a temperatura ambiente durante 24 horas en un lugar tibio en la cocina donde no dé la luz directa del sol.

Una vez fermentada esta pasta, volver a batir justo antes de servir de manera que el calor de la fricción haga un efecto de fundido en esta pasta.

Las calabazas de invierno (de piel más gruesa que las de verano y de pulpa anaranjada) son una saludable fuente de carbohidratos, magnesio y carotenoides, mejoran la salud cardiovascular y la digestión y contienen grandes cantidades de folatos (vitamina B$_9$), indicados durante el embarazo. Las calabazas alargadas son más cremosas y su piel, con un extra de antioxidantes, es comestible.

La calabaza absorbe los metales pesados y las toxinas de la tierra, así que es de rigor comprarla siempre ecológica.

Queso cremoso de calabaza fermentada y almendras

Ingredientes

Para la calabaza fermentada
250 g de calabaza cacahuete con sus semillas, previamente pelada
½ T de agua de mar
½ T de agua de calidad

Para el queso
250 g de mantequilla de almendra
2 C de cáscara de psyllium en polvo
2 C de levadura nutricional
2 C de zumo de limón

Método de preparación

Fermentar la calabaza como se explica en la receta anterior «Queso fundido de almendras con calabaza fermentada» (pág. 133).

Una vez fermentada la calabaza, colocarla junto con la mitad del líquido de fermentación y los ingredientes para el queso en una batidora de vaso. Batir hasta obtener una crema suave.

Colocar toda la mezcla sobre un recorte de papel de hornear sin blanquear y con una espátula, sin necesidad de aro, dar forma circular.

Colocar en las bandejas del deshidratador y deshidratar durante 24 horas a 38 ºC.

Dar la vuelta con cuidado, puede que se quede parte de la pasta de la base adherida al papel de hornear. Si es así, recógela con una espátula y añádela a la superficie del queso que acabas de voltear.

Aplanar la superficie con una espátula si es necesario y modelar un poco el queso desde los laterales para que no quede tan plano.

Deshidratar durante 24 horas más.

Servir tibio.

Las semillas de la calabaza son ricas en zinc, mineral que favorece la fertilidad masculina y contribuye a evitar problemas de próstata.

También son una buena fuente de vitaminas del grupo B, magnesio, hierro y proteínas; con un alto nivel de ácidos grasos que mantienen sanos y fuertes los vasos sanguíneos y reducen el colesterol LDL.

Este es un queso para sorprender: cremoso y elástico de una textura similar al brie.

Queso curado de almendras y calabaza fermentada

Ingredientes

Para la calabaza fermentada
250 g de calabaza cacahuete con sus semillas, previamente pelada
$1/2$ T de agua de mar
$1/2$ T de agua de calidad

Para el queso
2 T (300 g) de almendras, activar y pelar
2 C de hatcho miso sin pasteurizar
$1/4$ T de agua tibia de calidad

Método de preparación

Fermentar la calabaza como se explica en la receta «Queso fundido de almendras con calabaza fermentada» (pág. 133).

Una vez fermentada la calabaza, colocarla junto con la mitad del líquido de fermentación y las almendras para el queso en una batidora de vaso. Batir hasta obtener una crema suave.

Rectificar con el líquido sobrante de la fermentación de la calabaza si la mezcla es demasiado densa para batir.

Una vez obtenida la pasta, utilizar un aro de emplatar de unos 10 cm de diámetro sobre un recorte de papel de hornear sin blanquear y dar forma a la pasta.

Retirar el aro, colocar en una rejilla sobre el papel de hornear sin blanquear, fermentar y secar en un lugar aireado y seco de la cocina donde no incida la luz del sol directa durante dos semanas, dando la vuelta al queso cada 12 o 24 horas para distribuir la humedad.

Durante el proceso de secado, cuando el queso se haya endurecido lo suficiente como para manipularlo sin que se nos agriete, mezclar el hatcho miso con el agua hasta conseguir una textura muy homogénea pero densa y pintar los laterales y las bases con esta mezcla cada vez que se voltee el queso.

Una de las últimas tendencias alimentarias más positivas de nuestra época es la vuelta a los orígenes de las preparaciones culinarias, como es el caso de la fermentación.

Los fermentados son alimentos claves para contribuir a la salud intestinal, siendo este tipo de preparación de alimentos una de las tendencias en auge hoy día por dos razones fundamentales: porque son muy sabrosos y por ser muy saludables.

En los últimos años, los científicos han descubierto el papel crucial que el microbioma intestinal desempeña en la salud general y el bienestar mental. Incluso se teoriza acerca de que el microbioma es uno de los factores que impulsa la expresión genética, activando y desactivando genes dependiendo de qué microbios estén presentes.

Es el caso del miso, el fermentado que mencionaba con anterioridad que se prepara a partir de bases diversas de arroz cocido, soja, patatas o trigo tostado a las que se añade *koji*, un cultivo del hongo *Aspergillus oryzae*. El *koji* resultante de los diversos preparados se añade entonces al alimento que se vaya a fermentar, a menudo junto con una solución de salmuera. Cuando el *koji* fermenta, produce una serie de enzimas que se sabe que son beneficiosas para la salud animal y humana, incluida la amilasa, que ayuda a la digestión de los almidones en los alimentos y promueve la salud intestinal.

El hatcho miso, como el utilizado en esta receta, se prepara a partir de la soja en fermentaciones de hasta tres años. Su textura es gruesa y su sabor ligeramente picante, un preparado vivo ideal para las coberturas de nuestros quesos vegetales que además promueve su fermentación.

-

QUESOS de SEMILLAS

Variaciones con girasol

Los quesos de girasol son una de las opciones para quienes no pueden consumir frutos secos. Son mucho más económicos que las versiones que hemos visto hasta ahora, pero no por ello de menor calidad.

Los quesos cremosos o jóvenes tienen un sabor neutro y suave, mientras que los quesos de girasol viejos tienen un suave fondo amargo que marida muy bien con otras elaboraciones picantes.

Combinarlos con pastas de otros frutos secos o semillas es clave si queremos huir del típico color grisáceo de este queso al madurar.

-

La semilla de girasol es rica en proteínas y ácidos grasos de calidad, como todas las semillas, es una muy buena fuente de vitamina E (antioxidante), que mantiene sanos y fuertes la piel y el cabello, protege del daño celular y posee propiedades anticancerígenas.

Queso curado de semillas de girasol y anacardos con semillas de hinojo

Ingredientes

Para el queso
1 T (150 g) de semillas de girasol, activar y lavar
1 T (150 g) de anacardos, remojar de 30 min a 2 h y lavar
$^1/_4$ T – $^1/_2$ T (125 ml – 60 ml) de rejuvelac
$^1/_4$ c de sal del Himalaya o de mar
2 C de zumo de limón
1 diente de ajo fresco y rallado en puré
$^1/_8$ T de semillas de hinojo

Para la corteza
$^1/_8$ T de semillas de hinojo

Método de preparación

En una batidora de vaso combinar las semillas de girasol y los anacardos con el rejuvelac necesario para procesar hasta obtener una crema muy suave.

Colocar la pasta resultante en una estameña de algodón o en un retazo de gasa, hacer un hatillo y suspender de un gancho en la cocina con un bol debajo para recoger el exceso de líquido o bien dentro de un colador de malla suspendido en un bol con un peso encima (por ejemplo, un bote de vidrio con tapa lleno de agua) para fermentar y dejar escurrir el exceso de líquido durante 24 horas.

Tras la fermentación, colocar en un bol, mezclar homogéneamente con el resto de los ingredientes para el queso y dar forma de queso utilizando un aro de cocina sobre un recorte de papel de hornear sin blanquear.

Se puede rebozar con semillas de hinojo para crear una fina corteza de semillas.

Colocar sobre una rejilla con el papel de hornear en una zona ventilada y seca en la cocina y dejar secar durante una semana, dando la vuelta cada 12 horas.

El girasol es una de las semillas más poderosas, tan solo hay que observar la vitalidad y fortaleza de la planta que crece a partir de esta pequeña semilla.

Es también fuente de vitaminas del grupo B, destacando por su contenido en folatos (vitamina B_9), que favorecen un embarazo sano y refuerzan el sistema inmune.

Queso crema de girasol a las finas hierbas

Ingredientes

1 T de semillas de girasol, activar y lavar

$^1/_2$ T de rejuvelac

2 C de zumo de limón

2 C de levadura nutricional

1 diente de ajo, chafado y con la piel

1 C de cebolla dulce troceada

1 pizca de sal marina o del Himalaya

2 C de *ciboulette*, picado fino

1 C de hojas de albahaca fresca, picada fina

1 c de especias al gusto (orégano, romero, tomillo, comino)

Método de preparación

Combinar todos los ingredientes menos el *ciboulette*, las hojas de albahaca y las especias en una batidora de vaso y batir bien hasta obtener una pasta homogénea y suave.

Colocar en un bol de vidrio, cubrir con un paño de algodón limpio y dejar fermentar durante 24 horas en un lugar tibio y aireado en la cocina donde no le dé la luz del sol directa.

Tras la fermentación, mezclar con las hierbas aromáticas y servir acompañado de crudités al gusto: palitos de zanahoria, floretes de coliflor y brócoli, tomates cherry, pimientos rojos o amarillos en tiras, rodajas de manzana y pera, uvas, rodajas de pepino, ajos tiernos...

El girasol es una de las semillas que da los germinados y brotes más robustos y nutritivos, junto a los guisantes o el trigo sarraceno. En alimentación viva —*raw living food*—, estas tres semillas son las estrellas de la vitalidad en su versión de microplanta.

Para obtener brotes de girasol, tendríamos que hacerlos con las semillas vivas sin descascarillar y plantándolas en tierra después de remojar unas 12 horas. Las semillas ya peladas, aunque debilitadas al estar desprovistas de su coraza natural, aún germinan con facilidad aunque no tengan la fuerza vital necesaria para acabar de convertirse en pequeñas plantas.

Germinarlas en nuestra cocina es de lo más sencillo y rápido —en dos días ya se pueden ver perfectamente las fuertes raíces— y sus propiedades nutricias aumentan de manera exponencial.

Las semillas de girasol germinadas no solo las podemos utilizar en este queso o algunos panes de este libro, sino tal cual para añadir a nuestras ensaladas o para hacer un paté triturando con raíces crudas —zanahoria, remolacha, nabos— y condimentando con especias al gusto.

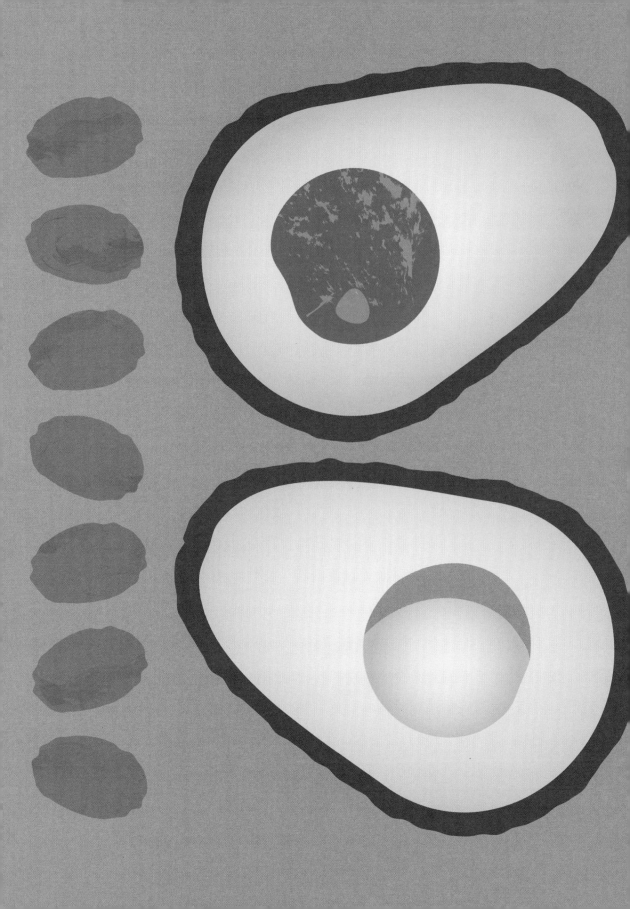

-

QUESOS SIN FRUTOS SECOS ni SEMILLAS

Para quienes no quieren o no pueden consumir frutos secos o semillas, también hay otras posibilidades.

La chufa, de la cual también se preparan bebidas vegetales como la horchata, nos ofrece la posibilidad de crear fermentados muy especiales con suaves notas dulces.

El aguacate, con su cremosidad, bien puede sustituir ciertos tipos de quesos cremosos. Y si bien el sabor del aguacate sigue presente en este tipo de quesos, al maridar con ensaladas de hoja verde desaparece completamente.

-

También puedes utilizar este «xolu» sin fermentar con el chucrut, tal cual. Puedes cortarlo en daditos y añadirlo a sopas o cremas, simplemente untarlo en algún pan de calidad —ojalá que sea vivo— o disfrutarlo tal cual, en bocaditos.

«Xofu» con chucrut y cayena

Ingredientes

1 $^1/_2$ T (200 g) de chufa

3 T de rejuvelac

2 C de cáscara de psyllium en polvo

1 pellizquito de sal marina o del Himalaya

1 C de shiro miso sin pasteurizar

$^1/_2$ T de chucrut casero o sin pasteurizar

1 c de cayena en polvo

Método de preparación

Lavar las chufas y remojar durante 48 horas, cambiando el agua cada 12 horas.

Batir con el rejuvelac en una batidora de vaso hasta que la chufa esté bien triturada.

Colar con la ayuda de una estameña, gasa o bolsa para leches vegetales y descartar la pulpa.

Combinar con el psyllium y la sal en la batidora de vaso y batir a máxima velocidad para que gelifique.

Colocar en un molde rectangular forrado con *film* de cocina y dejar reposar en la nevera como mínimo 5 horas.

Mezclar el miso, el chucrut y la cayena en un bol de manera homogénea.

En un recorte de papel de hornear sin blanquear suficientemente grande para cubrir la pasta de chufa, colocar un poco menos de la mitad de esta mezcla de chucrut, miso y cayena.

Colocar el queso de chufa encima y cubrir con el resto de la mezcla de chucrut intentando cubrir también los laterales.

Envolver en papel de hornear sin blanquear y envasar en una bolsa al vacío.

Dejar fermentar en la nevera durante una semana.

A las chufas, enteras, en harina, en leche, las podríamos considerar un superalimento milenario del Mediterráneo: su uso documentado se remonta al Antiguo Egipto. En la península la introdujeron hace siglos los pueblos árabes y desde entonces es un cultivo típico del levante peninsular, con el que se elabora una de las leches vegetales más populares y deliciosas, la horchata. Estos tubérculos son un alimento muy nutritivo, ricos en aminoácidos esenciales, ácidos grasos esenciales, fibra, vitamina A y E y en los minerales potasio, hierro, magnesio, sodio, calcio y fósforo.

Este fermentado que te propongo a base de horchata de chufa es una versión de mi receta de *xofu*, un preparado que recuerda al tofu sedoso pero utilizando horchata de chufa —*xufa*, como se la conoce en el levante español, de ahí que la haya bautizado con este nombre— en vez de leche de soja.

Queso de aguacate

Ingredientes

3 aguacates medianos, solo la pulpa (unos 500 g)

4 C de aceite de coco crudo, en estado líquido

2 C de zumo de limón

1 c de sal marina o del Himalaya

6 C de levadura nutricional

$^1/_4$ T de rejuvelac

2 C de cáscara de psyllium en polvo

2 C de hojas de orégano deshidratado

Método de preparación

Colocar todos los ingredientes menos el orégano en una batidora de vaso y batir hasta obtener una mezcla muy suave.

Utilizar un aro de emplatar circular suficientemente grande para dar forma de queso a toda la pasta, o aros más pequeños al gusto para hacer quesos más pequeños —y más fáciles de manipular— y rellenar con la pasta de aguacate sobre un recorte de papel de hornear sin blanquear.

Reservar en la nevera unas 8 horas mínimo sin desmoldar hasta que la pasta gane consistencia.

A las 8 horas, desmoldar y rebozar con hojas de orégano.

El aguacate es una fruta grasa muy nutritiva a la que se le atribuyen propiedades muy antioxidantes. Su contenido en avocatin B, un tipo de ácido graso que parece combatir la leucemia mieloide aguda (una forma particularmente rara y mortal de cáncer), le ha hecho ganar un nuevo estatus de alimento anticáncer.

Los aguacates pueden llegar a proporcionar cerca de veinte nutrientes esenciales que impulsan la salud, incluyendo potasio, vitamina E y vitaminas del grupo B entre las que destaca el ácido fólico (vitamina B_9).

Estos nutrientes desempeñan un papel importante en la función del corazón, la salud del esqueleto, la digestión y la actividad muscular, siendo esencial para el correcto funcionamiento de todas las células, tejidos y órganos del cuerpo.

Consumir suficientes alimentos ricos en potasio es importante ya que este nutriente ayuda a compensar los efectos hipertensivos del sodio, cuyo desequilibrio en su relación sodio-potasio no solo puede provocar hipertensión (presión arterial alta), sino que también puede contribuir a la aparición de otras enfermedades, como las de tipo cardiaco y cerebral.

El magnesio es un mineral utilizado por todos los órganos del cuerpo, especialmente el corazón, los músculos y los riñones.

Este queso tiene un inconfundible sabor a aguacate de fondo que pasa completamente desapercibido cuando se acompaña de hojas verdes. Ideal para acompañar tus ensaladas.

Los aguacates son uno de los pocos alimentos que contienen niveles significativos de ambas vitaminas C y E, y son muy ricos en fibra. La fibra desempeña un papel esencial en la salud digestiva, cardiaca y de la piel, contribuyendo a mejorar el control del azúcar en sangre y el control de peso.

PANES VIVOS y CONSCIENTES

Panecillos

Pan de avena básico

Para 8 panecillos
Tiempo de preparación 20 min. Listo en 12 horas

Ingredientes

Para los panecillos
300 g (unas dos piezas) de manzana *Golden Delicious*, con la piel, el corazón y las semillas
$^1/_3$ T de aceite de oliva virgen extra
$^1/_3$ T de agua
$1\,^1/_2$ C de zumo de limón
$^1/_4$ T de levadura nutricional
1 c de sal marina o del Himalaya
$1\,^1/_2$ T de harina de avena de brotes deshidratados
$1\,^1/_2$ T de harina de almendras activadas y deshidratadas
$^1/_2$ T de cáscara de psyllium en polvo

Para dar forma
1 T de harina de avena de brotes deshidratados

Método de preparación
Trocear las manzanas y batir con todos los ingredientes húmedos en una batidora de vaso hasta obtener un batido muy suave.

En un bol, combinar todos los ingredientes secos triturados bien finos y combinar hasta mezclar homogéneamente.

Añadir los ingredientes húmedos ya batidos poco a poco y mezclar con una cuchara de madera o espátula hasta obtener una masa modelable.

Mezclar con las manos hasta obtener una masa bien elástica.

Añadir un poco de harina de brotes de avena cuando lo necesites para ayudarte a continuar amasando.

Espolvorear un poco de harina de avena en la superficie de trabajo, hacer ocho porciones iguales de la masa y modelar los panecillos al gusto.

Deshidratar en las bandejas del deshidratador durante 12 horas.

Se pueden hacer bastones, pretzels, bollitos, barritas, bagels, picos... Es una masa flexible y neutra que podrás adaptar a muchas elaboraciones rectificando con agua según sea necesario: milhojas saladas, empanadas, galletas saladas, pizzas, *focaccias*, *quiche*... La imaginación y el límite los pones tú.

A la hora de servir, se pueden acompañar estos panes de cremas y patés para untar, mantequilla raw (pág. 264), quesos cremosos con rodajitas finas de verduras, verduras de hoja, brotes.

La avena es el cereal más rico en proteínas y fibra y el único que aporta tanto fibra soluble como insoluble. Se la considera un alimento reconstituyente al ser rica en vitaminas del grupo B —destaca el ácido fólico, la tiamina, la niacina y la riboflavina—, vitaminas A, C, E, y minerales como fósforo, magnesio, potasio, hierro, zinc; y es un alimento ideal para combatir el estreñimiento, el cansancio, el estrés, la diabetes, enfermedades cardiovasculares, la gastritis, la fibromialgia.

Además de proteínas, es rica en saludables ácidos grasos insaturados, dobla al trigo en cantidad.

A su paso por el intestino, las fibras de avena capturan bilis, colesterol y otros residuos, ayudando a depurar y limpiar el aparato digestivo.

Sus betaglucanos, fibra soluble, reducen el colesterol al dificultar la absorción intestinal y contribuyen al equilibrio del colesterol LDL. Cómprala con la cascarilla y germínala para obtener los mejores beneficios.

La avena no contiene gluten, aunque se suele manipular en las factorías junto a otros cereales que sí lo contienen. Si eres alérgico al gluten, asegúrate de que la avena que compras es certificada sin gluten.

Pan de girasol y nueces

Para 6 unidades

Tiempo de preparación 20 min. Listo en 32 horas

Ingredientes

Para los panes

2 T de semillas de girasol, activar y lavar

1 T de semillas de lino activado y deshidratado

2 C de cáscara de psyllium en polvo

1 diente de ajo, chafado y con la piel

4 C de aceite de oliva virgen extra

1 C de sal del Himalaya

$^1/_4$ T de nueces, activadas

1 C de harina de coco

$^1/_4$ T de uvas pasas

Para dar forma

$^1/_4$ T de harina de coco

Método de preparación

Moler el lino en un procesador de cocina y hacer harina.

Añadir el resto de los ingredientes para los panes menos las nueces y triturar hasta obtener una masa modelable.

Añadir las nueces troceadas y mezclar de manera homogénea con la masa con la opción de pulsado del procesador o bien en un bol con la ayuda de una espátula.

Dividir la masa en seis porciones y dar forma de panecillos, rebozando con un poco de harina de coco.

Deshidratar sobre las bandejas del deshidratador durante 32 horas.

De entre todos los frutos secos, las nueces son las que ostentan la mayor cantidad de fitoquímicos antioxidantes, seguidas muy de cerca por las nueces de pecán. Se les atribuyen importantes propiedades anticancerígenas, reguladoras de los niveles de colesterol, mejoran la función arterial y promueven la salud cardiovascular. Su contenido en ácidos grasos esenciales omega 3 las convierte también en un alimento ideal para la salud del cerebro y el sistema nervioso.

Pan de almendras y sarraceno

Para 2 panecillos

Tiempo de preparación 20 min. Listo en 2 horas

Ingredientes

Para los panecillos

1 T de harina de trigo sarraceno germinado y deshidratado

1 T de harina de almendras activadas y deshidratadas

$^1/_2$ T de agua de mar

$^1/_4$ T de agua de calidad

1 c de cebolla deshidratada

1 c de ajo deshidratado

1 c de nuez moscada, recién molida

1 c de semillas de comino, recién molido

1 C de semillas de girasol activadas y deshidratadas

1 C de semillas de calabaza activadas y deshidratadas

2 C de tamari sin pasteurizar o 4 C de agua de mar

4 dátiles medjool (unos 60 g) recién deshuesados

2 C de chía, recién molida

Para dar forma

$^1/_2$ T de harina de trigo sarraceno germinado y deshidratado

Para decorar

Semillas de girasol al gusto, activadas y deshidratadas

Semillas de calabaza al gusto, activadas y deshidratadas

Método de preparación

En un bol, combinar todos los ingredientes secos para el pan y mezclar bien con una espátula.

Hacer un hueco en el centro de la mezcla y añadir los ingredientes líquidos poco a poco, mezclando hasta obtener una masa modelable.

Amasar bien en el bol espolvoreando un poco de harina de trigo sarraceno si es necesario y hacer dos porciones de la masa.

Decorar con las semillas de girasol y calabaza y dejar reposar durante unos 15 minutos.

Colocar los panecillos en una bandeja del deshidratador y deshidratar durante 2 horas.

Este pan se deshidrata muy rápido, y también lo puedes preparar sin deshidratador. Deja el pan reposar durante la noche sobre una rejilla sin tapar y en un lugar ventilado de la cocina para que se seque un poco por fuera.

Para servir, puedes untar
ajo negro y decorar con
alcaparras, espárragos, o queso
de aguacate (pág. 150) y pétalos
de flores.

El trigo sarraceno o alforfón es un pseudocereal al que se considera el grano más rico en carbohidratos complejos y fibra.

Es también muy proteico —contiene todos los aminoácidos esenciales— y rico en magnesio, potasio, fósforo, zinc, selenio y vitaminas A, C, E y del complejo B.

El trigo sarraceno es también rico en antioxidantes y se le atribuyen un innumerable abanico de propiedades medicinales: favorece la salud cardiovascular, mejora condiciones como la hipertensión, la mala circulación, ayuda a regular los niveles de colesterol, contribuye a regular los niveles de azúcar en sangre.

Sus altos contenidos en fibra y magnesio ayudan a mejorar el funcionamiento muscular y el cardiaco, del aparato digestivo y el sistema inmune.

Pan de Venus

Para 8 panecillos

Tiempo de preparación 20 min. Listo en 36 horas

Ingredientes

2 calabacines (380 g), pelados y troceados

3 manzanas *Golden Delicious* (450 g), troceadas y con la piel, el corazón y las semillas

1 C de sal marina o del Himalaya

$^1/_2$ T de aceite de oliva virgen extra

2 C de cáscara de psyllium en polvo

4 C de zumo de limón

2 $^1/_2$ T de harina de trigo sarraceno germinado y deshidratado

1 C de nuez moscada, recién molida

2 T de semillas de chía, recién molida

Método de preparación

Combinar todos los ingredientes húmedos en una batidora de vaso y batir hasta obtener un batido muy suave.

En un bol, combinar todos los ingredientes secos triturados bien finos y mezclar homogéneamente.

Añadir los ingredientes húmedos ya batidos poco a poco y mezclar con una cuchara de madera o una espátula hasta obtener una masa modelable.

Dividir la masa en once porciones iguales y dar forma de panecillos. Deshidratar durante 36 horas.

Servir tibios con mantequilla *raw* (pág. 264).

La chía es una semilla procedente de Centroamérica muy conocida por sus contenidos en fibra y en omega 3. Aparte de estos beneficiosos nutrientes también es muy rica en calcio, magnesio, ácido fólico, antioxidantes y beneficiosos fitoquímicos (como el beta-sitosterol) a los que se les atribuye la capacidad de reforzar el sistema inmune, la salud de la próstata, aliviar los síntomas de la menopausia, contribuir al equilibrio del colesterol, reforzar la salud del cabello, tratar el asma, los cálculos biliares o mejorar la función sexual.

Mi pan «mustaceum» de centeno, avena y anís

Para 6 panecillos
Tiempo de preparación 30 min. Listo en 12 horas

Ingredientes

1 ¹/₄ T de centeno en grano, germinar pero no deshidratar
¹/₂ T de avena en grano, germinar pero no deshidratar
1 T de harina de almendra activada y deshidratada
3 C de cáscara de psyllium en polvo
¹/₂ c de semillas de anís, recién molidas
4 C de cebolla deshidratada
7 C de tahini blanco crudo
3 C de levadura nutricional
¹/₄ T de aceite de oliva virgen extra
1 c de sal marina o del Himalaya
4 dátiles medjool (unos 60 g) recién deshuesados
¹/₂ T de agua de calidad

Método de preparación

Triturar el centeno, la avena, el aceite, los dátiles, el agua y el tahini en un procesador de cocina hasta obtener una masa homogénea.

En un bol, mezclar bien con una espátula todos los ingredientes restantes.

Añadir la masa de cereales germinados y mezclar bien.

Amasar con las manos hasta obtener una masa parecida a la del pan, pero bastante más sólida.

Dividir en seis porciones y dar forma de panecillos con las manos.

Colocar en las bandejas del deshidratador y deshidratar durante 12 horas.

Desde la antigüedad se conocen las propiedades medicinales de la semilla del anís: desde su efecto calmante que favorece el sueño y disminuye los nervios, a su efecto antitusivo, digestivo, supresor del mal aliento e incluso para abrir el apetito.

En la antigua Roma se preparaban unos panes dulces con cereales molidos llenos de sabor y endulzados con las semillas de anís y otras especies, el *mustaceum*, que se consumían al final de las comidas como un digestivo.

El anís tiene muchas propiedades que benefician al sistema digestivo, es carminativo, estomacal, antiespasmódico y ayuda a combatir la aerofagia, la hinchazón abdominal y la flatulencia.

Hallullas de germinados de centeno

Para 16 hallullas

Tiempo de preparación 30 min. Listo en 18 horas

Ingredientes

Para las hallullas

5 T de germinados de centeno sin deshidratar

2 T de germinados de girasol sin deshidratar

1 T de chía, recién molida

1 C de sal marina o del Himalaya

2 dientes de ajo, chafados y con la piel

1 cebolla roja pequeña, pelada y troceada

$1/4$ T de levadura nutricional

$1/4$ T de aceite de oliva virgen extra

Para dar forma

$1/2$ T de harina de coco

Método de preparación

Combinar todos los ingredientes para las hallullas menos la harina de coco en un procesador de cocina y procesar hasta obtener una masa suave.

Dividir en dieciséis porciones y amasar suavemente en la superficie de trabajo enharinando con la harina de coco para que no se peguen.

Pinchar la superficie con cuidado varias veces con un tenedor para que se deshidraten más homogéneamente.

Deshidratar durante 12 horas directamente sobre las bandejas del deshidratador.

Cortar por la mitad horizontalmente y volver a deshidratar seis horas más.

La hallulla es un tipo de pan plano muy calórico preparado a partir de harinas blancas refinadas, agua, leche, manteca, sal y levadura muy típico de Bolivia, Chile y Ecuador; aunque su origen se remonta a la muy distinta tradición hebrea de los panes ácimos o *hallāh* básicamente elaborados con harinas de cereales, agua, sal y nada más, ni siquiera levadura.

Las hallullas de esta receta son mi versión saludable y consciente de este pan, más gruesas que un pan ácimo para poderlo abrir una vez esté listo y rellenar como a veces se hace con las hallullas en Sudamérica.

El centeno es rico en hierro, fibra, minerales antioxidantes y pobre en lípidos, de los cuales la mayoría son ácidos grasos poliinsaturados y lecitina. Estos dos ácidos grasos tienen propiedades fluidificantes de la sangre, se suelen indicar para tratar trombos o formación de coágulos debidos al mal riego sanguíneo que pueden complicarse con ataques cardiacos, anginas de pecho, arteriosclerosis.

Por eso se lo considera un regulador de la hipertensión y las enfermedades vasculares en general, y también es apropiado para personas con problemas de diabetes, ya que por su alto contenido en fibra sus carbohidratos se absorben muy lentamente.

A la hora de servir, rellenar con verduras de hoja tierna al gusto, brotes, germinados, rodajitas de manzana con la piel y la semilla, col lombarda cortada en tiras, pimiento rojo, tomates secos rehidratados...

Hay que ser muy cuidadosos a la hora de guardar el centeno y hacerlo siempre en recipientes de vidrio bien secos y cerrados. Si no se conserva en estas condiciones idóneas, la humedad favorece el crecimiento de un hongo —que también puede proliferar en otros cereales, pero el centeno es su favorito—, el cornezuelo o ergot (*Claviceps purpurea*), que produce alcaloides muy tóxicos que promueven la mala circulación sanguínea hasta llegar a ser peligrosos.

Pan negro de arroz con semillas de comino

Para 6 panes

Tiempo de preparación 30 min. Listo en 24 horas

Ingredientes

Para los panes

1 T de arroz negro, previamente germinado y sin deshidratar

1 T de semillas de chía, recién molida

$^1/_4$ T de semillas de comino negro, previamente activadas y sin deshidratar

1 T de semillas de girasol, previamente activadas, lavadas y sin deshidratar

$^1/_4$ T de aceite de oliva virgen extra

$1\,^1/_2$ T de agua de calidad

2 C de tamari sin pasteurizar o 4 C de agua de mar

2 ajos negros, pelados

Para decorar

1 C de semillas de amapola

1 C de semillas de comino negro

Método de preparación

Colocar todos los ingredientes menos las semillas para decorar en un procesador de cocina y triturar hasta obtener una masa homogénea y modelable.

Colocar esta masa en la superficie de trabajo, sobre un recorte de papel de hornear sin blanquear para evitar que se nos enganche y dividir en nueve porciones.

Dar forma de panecillos o de caracolas al gusto a cada porción. Es una masa muy fácil de modelar, así que puedes ser creativo con la forma que quieras darle.

Una vez modelados los panecillos, decorar con las semillas de amapola y de comino. Puede ser que tengas que presionar un poco con los dedos para que las semillas se adhieran, dependerá de la humedad externa de los panecillos.

Colocar los panecillos en las bandejas del deshidratador, utilizando las láminas antiadherentes o papel de hornear sin blanquear solo si el panecillo está muy húmedo, y deshidratar durante 24 horas. Si se utiliza papel de hornear o láminas, retirarlas durante las cuatro últimas horas de deshidratación.

El arroz negro proviene originalmente de Bali o de China, donde se lo venera como un arroz digno de emperadores; no sin razón, ya que los alimentos de color negro son los que mayor cantidad de antioxidantes atesoran.

En la antigua China se conocía el arroz negro como «el arroz prohibido» porque sus cosechas eran requisadas por los nobles y no estaba permitido su uso entre los más pobres; un arroz con propiedades antioxidantes mucho más elevadas que las preciadas moras y los arándanos que no querían compartir con el pueblo.

En el proceso de tratamiento de este arroz —lo mismo que el caso del arroz rojo— se le ha quitado parcialmente la cáscara, conservando una fina capa de salvado y preservando el germen intacto, por eso es un grano que podemos germinar con facilidad en nuestra cocina.

El comino es una semilla que contribuye a la digestión y a la producción de energía. Esta especia tiene una larga historia de uso medicinal y se le atribuyen propiedades que mejoran la memoria y nos ayudan a combatir el estrés.

Pan blanco de almendras

Para 2 panecillos
Tiempo de preparación 20 min. Listo en 18 horas

Ingredientes
$1/2$ T de pulpa de coco joven
$1\,1/4$ T de harina de almendras activadas, peladas y deshidratadas
1 C de cáscara de psyllium en polvo
$1/4$ T de harina de coco
1 pellizquito de sal marina o del Himalaya
2 C de harina de coco

Método de preparación
Combinar todos los ingredientes menos la harina de coco en una batidora de vaso o procesador de cocina y batir o procesar hasta obtener un puré suave.

Verter este puré en un bol grande y añadir poco a poco el cuarto de taza de harina de coco removiendo con una espátula o una cuchara de madera hasta obtener una masa suave y sin grumos.

Dividir la masa en dos partes.

Espolvorear la superficie de trabajo con las dos cucharadas soperas de harina de coco restantes y modelar dos panecillos circulares con la masa.

Colocar los panecillos sobre dos recortes de papel de hornear sin blanquear o sobre las láminas antiadherentes del deshidratador y deshidratar durante 12 horas.

Una vez transcurridas las 12 horas, retirar el papel o lámina y deshidratar durante 6 horas más directamente sobre las bandejas del deshidratador.

El coco es una semilla de muy fácil digestión y, cuando se trata del coco verde o coco joven, es de bajo contenido en lípidos. Eso sí, hay que tener en cuenta que la fibra de coco es de naturaleza fermentativa. Así que, en elaboraciones donde predomine, puede ser difícil de combinar con otros alimentos para una buena digestión. En este caso, para evitar al máximo las malas digestiones, procuraremos combinarlo con alimentos neutros o con poca diversidad de ingredientes.

Panecillos de nueces de Brasil

Para 4 panecillos

Tiempo de preparación 20 min. Listo en 48 horas

Ingredientes

2 T de nueces de Brasil, activadas y lavadas

1 T de harina de lino dorado activado y deshidratado

3 C de cáscara de psyllium en polvo

4 C de aceite de oliva virgen extra

1 C de sal marina o del Himalaya

4 dátiles medjool (unos 60 g) recién deshuesados

1 diente de ajo, chafado y con la piel

1 T de agua de calidad

2 C de pipas de calabaza, activadas y lavadas

$^1/_4$ T de harina de coco

Método de preparación

En un procesador de cocina, combinar primero las nueces de Brasil, el aceite, la sal, los dátiles y el ajo.

Procesar hasta obtener una mezcla suave.

Añadir el resto de los ingredientes menos la harina de coco y procesar hasta obtener una masa modelable.

Dividir esta masa en cuatro porciones iguales.

Espolvorear la superficie de trabajo con parte de la harina de coco y modelar en forma de panecillo redondo, o al gusto, cada una de las porciones de masa.

Colocar los cuatro panecillos sobre recortes de papel de hornear sin blanquear o en las láminas antiadherentes del deshidratador y deshidratar durante 24 horas.

A las 24 horas, retirar del papel o láminas del deshidratador y deshidratar directamente sobre las bandejas del deshidratador durante 24 horas más.

El ajo tiene grandes propiedades antioxidantes y curativas, antibacterianas, antiinfecciosas, digestivas, diuréticas y fluidifica la circulación sanguínea, por lo que ayuda a prevenir enfermedades del sistema cardiovascular.

Es muy rico en minerales, sobre todo en manganeso, y en el complejo de la vitamina B, sobre todo en vitamina B_6 (piridoxina).

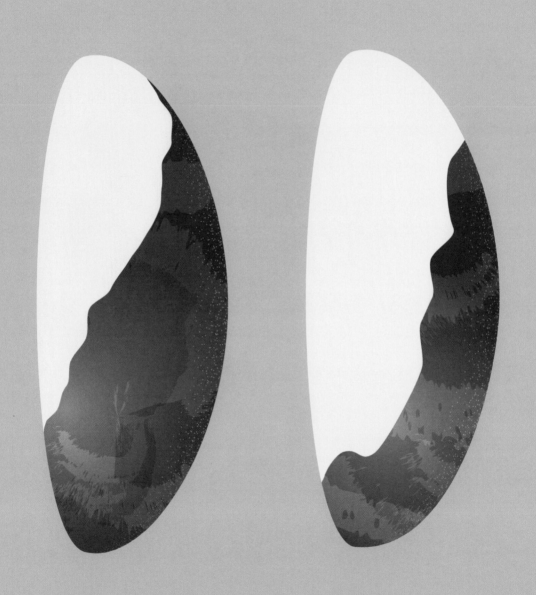

Aparte de ser una fuente vegetal interesante por su aporte de selenio, proteínas, grasas, fibra, minerales y carbohidratos de buena calidad; la nuez de Brasil —junto a las almendras— es uno de los pocos frutos secos de efecto alcalinizante.

El ajo contiene ácido glutámico, que favorece la salud cerebral y del sistema nervioso central, y ayuda a equilibrar los estados de ánimo y la falta de memoria. Contiene ácido aspártico, que activa el metabolismo celular y participa en la renovación celular; también tiene un papel importante en la absorción de los minerales como el calcio, el potasio, el magnesio y el zinc.

A pesar de sus bondades, el ajo tiene componentes irritativos de la mucosa. Con lo que si tenemos problemas digestivos, el ajo, sobre todo en crudo, añadirá desconfort.

En las recetas donde el ajo va triturado, a mí me gusta incluirlo con la piel. La piel de los mejores ajos es de color morado, cosa que indica la presencia de antocianinas, una de las sustancias más antioxidantes y *antiaging*.

Por su contenido en glutamina, algunos expertos en salud
la recomiendan en tratamientos para recuperación de
úlceras estomacales o de duodeno o úlceras en la boca.
Además de la bromelina y la glutamina, la piña contiene
otros componentes de propiedades antiulcéricas:
carotenos, vitamina C, glicina, pectina y zinc.

Panecillos de calabaza fermentada

Para 8–10 unidades

Tiempo de preparación 20 min. Listo en 48 horas

Ingredientes

Para los panes

500 g de calabaza cacahuete, pelada pero con las semillas

1 T de agua de calidad

1 T de agua de mar

6 tomates secos (12 mitades, unos 50 g), sin salar y sin rehidratar

$^1/_4$ T (25 g) de piña deshidratada

1 ajo, chafado y con la piel

2 T de semillas de girasol, activadas, lavadas y sin deshidratar

$^1/_2$ T de harina de lino activado y deshidratado

1 C de cáscara de psyllium en polvo

$^1/_2$ T de harina de coco

$^1/_4$ T de aceite de oliva virgen extra

$^1/_2$ T de almendras, activadas, lavadas y sin deshidratar

Para dar forma

$^1/_2$ T de harina de coco

Método de preparación

Trocear la calabaza y colocarla con sus semillas en un bote de vidrio para conservas dejando un cuarto del bote vacío. Cubrir con el agua y el agua de mar, bien mezcladas.

Tapar el bote y dejarlo durante tres días en un rincón de la cocina donde no incida la luz del sol directa, para que fermente.

Una vez haya fermentado la calabaza, procesar todos los ingredientes para los panes en un procesador de cocina hasta obtener una masa modelable.

Dividir la masa en ocho o diez porciones, rebozar en la de harina de coco sobre la superficie de trabajo y dar forma de panecillos.

Deshidratar sobre las bandejas del deshidratador durante 32 horas.

La piña es muy rica en un tipo de enzimas, la bromelina, que ayuda a digerir las proteínas. Por eso se la recomienda como un remedio en dietoterapia para aquellas personas con trastornos relacionados con la digestión, como falta de jugos gástricos, pesadez de estómago o digestiones pesadas. Para aprovechar la bromelina es importante no someter la piña a temperaturas mayores de 38 °C, lo mejor sería tomarla fresca de la fruta bien madura.

Conviene pelarla bien, ya que precisamente los restos de piel en la pulpa pueden irritar las encías o la cavidad bucal, pero si se tolera bien, la piña, bien madura, es un bálsamo para el sistema digestivo.

Panecillos de calabaza y almendras

Para 8 panecillos

Tiempo de preparación 30 min. Listo en 32 horas

Para los panes

500 g de calabaza cacahuete cruda, con las semillas, triturada al punto de puré

6 tomates secos (12 mitades, unos 50 g), rehidratados con agua de calidad

2 $^1/_4$ T de almendras, activar, lavar pero no deshidratar

1 T de harina de lino dorado activado y deshidratado

2 ajos, chafados y con la piel

1 manzana (150 g) *Granny Smith*, con la piel, el corazón y las semillas

$^1/_4$ T de aceite de oliva virgen extra

1 c de cúrcuma en polvo

2 C de cáscara de psyllium en polvo

Para modelar

$^1/_4$ T de almendra activada, deshidratada y molida al punto de harina

Método de preparación

Combinar todos los ingredientes menos las almendras molidas en un procesador de cocina y procesar hasta obtener una masa suave pero modelable.

Dividir la masa en ocho porciones. Espolvorear la superficie de trabajo con la almendra molida y modelar sobre esta harina de almendra los diferentes panecillos.

Colocar sobre un recorte de papel de hornear sin blanquear o en las láminas antiadherentes del deshidratador y deshidratar durante 8 horas.

A las 8 horas, retirar del papel o láminas del deshidratador y deshidratar directamente sobre las bandejas del deshidratador durante 24 horas más.

No falta quien demonice las semillas de la manzana acusándolas de contener cianuro, veneno para nuestro cuerpo. Aunque esto no es así. Los compuestos que contienen cianuro en la naturaleza son de lo más común, existen más de 2.000 plantas que lo pueden producir en pequeñas dosis, sobre todo las semillas. En el caso de la manzana, sus semillas contienen un componente, la amigdalina, que cuando las masticamos y entra en contacto con los jugos digestivos se convierte en radical ciano. Que te intoxiques con semillas tan pequeñas como las de la manzana es algo más que improbable. Parece ser que se necesita un gramo de cianuro por cada kilo de peso para que se produzca una intoxicación. Se calcula que cien gramos de semillas de manzana pueden producir aproximadamente setenta gramos de radical ciano, y eso si se mastican muy bien las semillas y su amigdalina entra en contacto con los jugos digestivos. En todo caso, parece ser que setenta gramos de este radical podría matar a un adulto de setenta kilos de peso. En un kilo de manzanas se calcula que puede haber setecientos miligramos de potencial radical ciano... Si hacemos el cálculo, ¿cuántos kilos de manzanas se tiene que comer esta supuesta persona de setenta kilos para envenenarse y morir? Yo creo que en mi vida me he comido tantas manzanas. Sin embargo, sí que nos podemos beneficiar del resto de sus propiedades, la anticancerígena vitamina B$_{17}$ incluida. Así que si comes la fruta, sólo te traerá beneficios comerla con la piel —que sea ecológica— que es la parte más rica en antioxidantes, el corazón con su aporte extra de fibra y las semillas.

Las semillas de las manzanas, aparte de contener aceites saludables, minerales y proteínas como todas las semillas, también son ricas en vitamina B_{17}. A la vitamina B_{17} se la considera un potente anticancerígeno, tanto es así que la industria farmacéutica la está empezando a producir de manera sintética para integrarlas en tratamientos médicos anticáncer, aunque se encuentre de manera natural en muchas semillas como las almendras, las semillas de manzana o, especialmente, las de albaricoque.

Las manzanas son especialmente ricas en un antioxidante propio de las frutas y hortalizas blancas, la quercetina, un potente flavonoide de reputado efecto protector antitumoral y beneficioso para la salud pulmonar.

Pan de coliflor

Para 8–10 unidades
Tiempo de preparación 20 min. Listo en 32 horas

Ingredientes

Para los panes
1 kg de coliflor
$^1/_2$ T de harina de coco
$^1/_2$ T de aceite de oliva virgen extra
1 C de cáscara de psyllium en polvo
2 ajos, chafados y con la piel
$^1/_4$ T de levadura nutricional
1 c de ralladura de limón
1 C de kombu en polvo
1 C de azúcar de arenga (o de coco, de yacón, de caña integral) o $^1/_4$ T de pasas
$^1/_4$ c de sal marina o del Himalaya

Para dar forma
$^1/_2$ T de levadura nutricional

Método de preparación

Trocear la coliflor y triturar en un procesador de cocina hasta que esté al punto de arroz. Añadir el resto de los ingredientes para los panes y triturar hasta obtener una masa modelable.

Dividir la masa en ocho o diez porciones y dar forma de panecillos. Rebozar cada panecillo en la levadura nutricional.

Colocar los panecillos en las bandejas del deshidratador y deshidratar durante 18 horas.

La coliflor es uno de los miembros de la familia de los vegetales crucíferos, como el brócoli, las coles y el kale. Es uno de los vegetales con mayor concentración de nutrientes —vitaminas, minerales, antioxidantes y fitoquímicos— que puedes tener en tu despensa. Aunque tradicionalmente se cocina siempre, en crudo la coliflor es mucho más digestiva que cocinada. Es cuando está cocinada que realmente produce flatulencias y, al ablandarse, su fibra queda desprovista de sus beneficios prebióticos.

Como al resto de los vegetales crucíferos (brócoli, repollo o col, rúcula, col rizada, kale, hojas de mostaza, daikon, nabos, bok choy, berzas, colinabo, berros, col china, col de Bruselas, rábanos, wasabi), se le atribuyen propiedades anticáncer, antiinflamatorias, prebióticas, depurativas, protectoras del revestimiento del estómago, *antiaging*, protectoras del cerebro y sus funciones cognitivas y de la memoria.

Panecillos de sarraceno germinado y olivas negras

Para unos 15 panecillos

Tiempo de preparación 30 min. Listo en 16 horas

Ingredientes

Para los panecillos

4 y $^1/_2$ T de trigo sarraceno germinado, lavado y sin deshidratar

2 C de zumo de limón

2 manzanas (300 g) *Red Delicious*, con la piel, el corazón y las semillas

$^1/_4$ T de aceite de oliva virgen extra

3 C de cáscara de psyllium en polvo

1 c de pimienta negra, recién molida

1 c de tomillo deshidratado, recién molido

1 c de romero deshidratado, recién molido

1 c de salvia deshidratada, recién molida

1 c de perejil deshidratado, recién molido

1 C de alcaparras al natural

1 C de olivas negras deshuesadas, deshidratadas y troceadas

1 T de semillas de chía, recién molida

Para dar forma

1 T de harina de trigo sarraceno germinado y deshidratado

Método de preparación

En un procesador de cocina triturar primero el trigo sarraceno con el zumo de limón.

Añadir las manzanas troceadas con la piel, el corazón y las semillas, la pimienta, las aromáticas y el aceite de oliva y triturar todo homogéneamente.

Colocar en un bol y añadir las alcaparras y las olivas negras mezclando con una espátula hasta que quede todo bien distribuido.

Añadir la chía y mezclar muy rápido con la espátula para que la chía se mezcle homogéneamente con la masa antes de que se hinche y entorpezca este paso.

Una vez mezclados todos los ingredientes para los panecillos, dejar reposar unos 5 minutos para que la chía absorba el líquido.

Espolvorear la superficie de trabajo con un poco de la harina de trigo sarraceno germinado.

Estos panecillos están mucho mejor recién hechos,
pero también los puedes guardar varios días en un
recipiente de vidrio con tapa en la nevera y calentar en
el deshidratador una hora antes de comerlos.

Hacer pequeñas porciones de la masa, de unos 10 cm de diámetro aproximadamente, y dar forma de panecillos sobre la superficie de trabajo espolvoreando con harina de sarraceno cuando sea necesario para que no se adhiera.

Colocar los panecillos en las láminas antiadherentes de las bandejas del deshidratador o sobre recortes de papel de hornear sin blanquear y deshidratar durante 2 horas a 60 °C, luego bajar la temperatura a 38 °C y deshidratar durante 12 horas más.

Transcurrido el total de estas 14 horas, colocar los panecillos directamente sobre las bandejas del deshidratador y deshidratar 2 horas más.

Comprobar abriendo un panecillo que esté al gusto por dentro y corregir de tiempo si es necesario.

Los olivos son árboles extraordinarios de gran fortaleza, pueden llegar a vivir varios cientos de años, y de un árbol tan robusto, no podemos sino esperar un fruto muy especial, la aceituna. Existen cientos de variedades de olivos, en su mayoría nativos del Mediterráneo, pero todos producen este fruto tan especial al que se le atribuyen propiedades terapéuticas y medicinales.

Aunque hay quien las evita por sus altos contenidos en ácidos grasos, son precisamente sus aceites uno de los nutrientes más beneficiosos. Su ácido oleico en crudo, un ácido graso monoinsaturado, contribuye a la salud cardiovascular y a reducir el riesgo de enfermedad cardiaca, a la salud de la piel, de los tejidos en general y a la salud cerebral.

Las propiedades de sus fenoles y polifenoles se consideran de las más poderosas; junto a las de otros antioxidantes y vitaminas de probadas propiedades antiinflamatorias, reductoras de la oxidación del colesterol LDL, *antiaging*, promotoras de la salud ósea, protectoras hepáticas, antimicrobianas y antivirales, contribuyen al aumento de la sensibilidad a la insulina y de la testosterona, beneficiosas para la salud ocular y buena fuente de cobre, fibra, hierro y vitaminas A, E y del grupo B.

Es importante asegurarse de que las aceitunas han sido curadas con métodos respetuosos y saludables, como la salazón o el curado en salmuera. Estos procesos son muy lentos, ideados para reducir su amargor natural y ablandar su pulpa, por eso hay productores que utilizan compuestos clorados (lejías) para acelerar el curado, obviamente añadiendo tóxicos nada beneficiosos a estas perlas verdes y negras de la naturaleza.

Flautines de wakame

Para 4 flautines

Tiempo de preparación 30 min. Listo en 14 horas

Ingredientes

1 T de almendras, activar y lavar

1 c de sal marina o del Himalaya

1 T de agua de calidad

2 C de zumo de limón

$1/4$ T de aceite de oliva virgen extra

3 C de cáscara de psyllium en polvo

$1/4$ T de harina de coco

$1/4$ T de alga wakame en polvo

10 aceitunas negras, deshuesadas y troceadas

1 C de semillas de amapola

Método de preparación

En un procesador, triturar las almendras, la sal, el agua, el limón y el aceite de oliva hasta obtener una masa gruesa y homogénea. Añadir el psyllium y volver a triturar para mezclar muy bien con la masa.

Añadir a continuación la harina de coco y el wakame y seguir triturando hasta obtener una masa homogénea y modelable. Añadir las aceitunas y procesar pulsando hasta que las aceitunas se mezclen.

Dividir la masa en 4 porciones y dar forma de pequeños panes alargados.

Decorar con las semillas de amapola, haciendo presión sobre los panes para que se adhieran bien.

Colocar sobre recortes de papel de hornear sin blanquear en las láminas antiadherentes en las bandejas del deshidratador y deshidratar durante 12 horas.

Transcurridas las 12 horas, colocar directamente en las bandejas del deshidratador y deshidratar durante 2 horas más.

De todos los vegetales, las algas —de mar y de agua dulce— son los más ancestrales. Han evolucionado muy poco desde que se transformaron en seres multicelulares y hasta años recientes no hemos vuelto a prestarles la atención que merecen y que, en el pasado, sí se la prestaron nuestros antepasados, sobre todo aquellos que vivían en zonas costeras.

Son realmente un concentrado de todos los macro y micronutrientes que necesitamos en nuestra dieta, aparte de su interesante contenido en fibras y sus propiedades depurativas.

En el caso de las algas de mar, las hace interesantes su contenido en yodo, imprescindible para fortalecer la salud tiroidea y, por extensión, nuestra salud inmune y hormonal.

Pan de raíces y caqui

Para unos 5 panecillos

Tiempo de preparación 30 min. Listo en 14 horas

Ingredientes

Para los panecillos

1 caqui (150 g) con la piel y sin semillas

4 zanahorias grandes (600 g)

1 remolacha pequeña (50 g)

1 T de aceite de oliva virgen extra

1 C de cáscara de psyllium en polvo

1 T de harina de almendras activadas y deshidratadas

1 c de sal marina o del Himalaya

$^1/_2$ c de nuez moscada, recién molida

Para dar forma

$^1/_4$ de T de harina de coco

Método de preparación

Trocear las zanahorias y la remolacha y triturar en un procesador de cocina.

Añadir el caqui troceado, el aceite de oliva y el psyllium y procesar hasta obtener un batido grueso.

Añadir el resto de los ingredientes menos la harina de coco para modelar los panes y batir hasta obtener una masa muy homogénea y modelable.

Espolvorear la superficie de trabajo con la harina de coco

Dividir la masa en cinco o seis porciones y dar forma de panecillos.

Colocar sobre recortes de papel de hornear sin blanquear o en las láminas antiadherentes del deshidratador y deshidratar a 60 ºC durante 2 horas.

Colocarlos a continuación directamente sobre la bandeja del deshidratador y deshidratar durante 12 horas más a 38 ºC

El caqui es una fruta muy antioxidante rica en carotenos, vitamina C y potasio que nos ayudará a preparrarnos para el invierno. Tiene muchos efectos beneficiosos para el organismo, entre ellos es un antiviral poderoso y, gracias a la combinación de compuestos activos diversos —aminoácidos, carotenoides, flavonoides, taninos—, se lo considera útil a la hora de combatir la diabetes, de regular los niveles de colesterol, la hipertensión, prevenir la arteriosclerosis, la dermatitis alérgica y las enfermedades inflamatorias. Como siempre, lo mejor es comprarlo orgánico, maduro y comer la piel, donde se encuentra la mayor cantidad de sus propiedades.

Pan de higos frescos

Para 4–6 panes

Tiempo de preparación 30 min. Listo en 4 horas

Ingredientes

Para el pan

8 higos frescos (500 g)

8 higos deshidratados (120 g)

$^1/_2$ c de sal marina o del Himalaya

4 dientes de ajo negro, pelados

1 C de alcaparras al natural

$^1/_4$ T de aceite de oliva virgen extra

$^1/_4$ T de harina de almendras activadas y deshidratadas

$^1/_4$ T de harina de coco

$^1/_4$ T de semillas de chía, recién molidas

2 C de levadura nutricional

1 C de romero deshidratado, recién molido

Para dar forma

1 C de harina de coco

Método de preparación

Trocear los higos con un cuchillo y triturarlos luego en un procesador de cocina con el resto de los ingredientes para el pan hasta obtener una masa gruesa.

Para dar forma al pan, espolvorear una lámina antiadherente o un recorte de papel de hornear sin blanquear sobre la superficie de trabajo con la mitad de la harina de coco.

Colocar toda la masa y aplanar con los dedos para formar un rectángulo de unos 3 cm de alto.

Espolvorear la superficie de la masa con la otra mitad de la harina y dividir en seis porciones con la ayuda de un cuchillo.

Colocar directamente en una bandeja en el deshidratador y deshidratar durante 4 horas.

Los higos tienen un alto contenido en fibra y son fuente de varios minerales esenciales como el magnesio, el manganeso, el calcio, el cobre, el potasio y vitaminas como la K y la B_6.

Son frutas muy antioxidantes por sus componentes fenólicos, y alcalinizantes. Fue el primer árbol frutal cultivado por el hombre.

Se le atribuyen también propiedades anticancerosas a nivel estomacal y a nivel intestinal, aparte de beneficiar el tránsito intestinal y ser un buen prebiótico para mantener la salud de nuestra microbiota.

Este pan es delicioso acompañado con mermelada de frutos rojos, servido tibio y espolvoreado con un poco de cacao en polvo.

Pan de chocolate

Para 14 panecillos

Tiempo de preparación 30 min. Listo en 10 horas

Ingredientes

Para los tropezones

3 T (600 g) de pasas de Corinto, o tus bayas deshidratadas preferidas; remojarlas 1 hora

$^1/_4$ T de semillas de cacao troceadas o $^1/_2$ T de almendras troceadas, activadas y deshidratadas

Para los panecillos

$^1/_2$ T de semillas de chía, recién molidas

1 T de agua de remojo de las pasas

1 C de tamari sin pasteurizar o 2 C de agua de mar

2 y $^1/_2$ T de harina de almendras activadas y deshidratadas con la piel

$^1/_4$ T de aceite de cáñamo crudo

1 T de algarroba cruda en polvo

1 T de harina de trigo sarraceno germinado y deshidratado (o de avena de brotes deshidratados)

Para decorar

4 C de sirope de arce, de yacón o de flor de coco (opcional)

Método de preparación

En un bol, combinar todos los ingredientes secos para los panecillos y mezclar bien con una espátula.

Añadir los ingredientes líquidos para los panecillos y volver a mezclar con la espátula hasta que se forme una masa que se pueda modelar.

Añadir los tropezones y amasar con las manos hasta que estén homogéneamente mezclados.

Dividir la masa en catorce porciones y dar forma de panecillos.

Pintar con el sirope de tu elección, colocar en las bandejas del deshidratador y deshidratar durante 8 horas.

Las semillas de cacao son muy diferentes al chocolate que podamos encontrar en las tiendas. Las semillas contienen muchísimos menos lípidos —la manteca de cacao— y nada de azúcares añadidos, así que son menos calóricas, y, si las utilizas con la piel, aprovechas muchas más de sus propiedades antioxidantes, vitaminas y minerales.

El cacao contiene de manera natural entre un 40 y un 50% de lípidos, y también fibra, magnesio, potasio, manganeso, zinc y vitaminas del grupo B. Es muy rico en flavonoides, lo que lo convierte en uno de los alimentos más antioxidantes, y antiaging, pero también contiene otros componentes de propiedades euforizantes y estimulantes que, aunque puedan hacernos sentir muy bien al consumirlo, son desaconsejables en grandes dosis: el cacao siempre en pocas cantidades y del mejor. Por eso en esta receta he utilizado algarroba como base —que gracias a su naturaleza dulce nos permite reducir los azúcares añadidos— y trocitos de semilla como acento.

La harina de algarroba o algarroba en polvo incluye el fruto y las semillas, en la que un 5% aproximadamente es proteína, con todos los aminoácidos esenciales de manera bastante equilibrada. También es muy rica en fibra de efecto prebiótico, minerales —potasio, calcio, magnesio, hierro, manganeso, zinc, cobre, boro—, muy antioxidante por su contenido en flavonoides y lípidos saludables —ácido linoleico y oleico— y de propiedades antiinflamatorias por su contenido en salicilatos. Las semillas son ricas en mucílagos, lo que explica su poder saciante y lo que las hace beneficiosas para el tránsito intestinal.

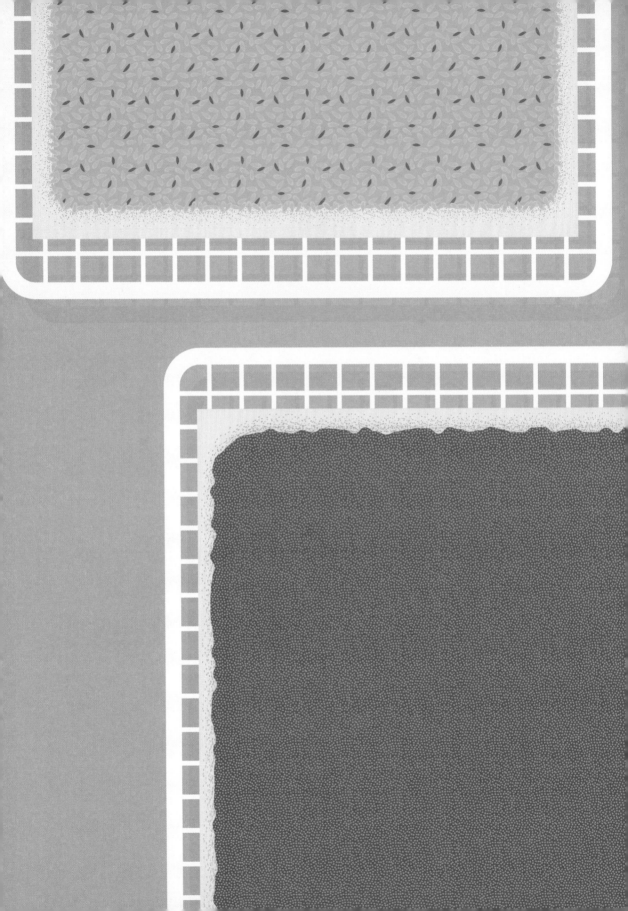

PANES VIVOS y CONSCIENTES

Crackers y panes planos

-

205

«Wrap» de plátano para el bocadillo

Para 10 *wraps*

Tiempo de preparación 30 min. Listo en 10 horas

Ingredientes

Para el *wrap*

10 plátanos (1.000 g ya pelados) bien maduros
1 pellizquito de sal marina o del Himalaya

Para el paté

1 T de semillas de girasol activadas
2 zanahorias grandes (unos 250 g)
$^1/_2$ T de ajo negro (unos 60 g), pelado
$^1/_2$ T de alga dulse seca, sin remojar
$^1/_2$ T de aceite de oliva virgen extra

Para el relleno

Brotes variados y hojas tiernas (lechuga, endivia, espinacas baby, brotes de remolacha) al gusto

Método de preparación

Para el *wrap*

Batir los diez plátanos con la sal en una batidora de vaso a baja velocidad y extender esta mezcla muy suave sobre recortes de papel de hornear sin blanquear o sobre las láminas antiadherentes de las bandejas del deshidratador.

Las láminas de masa deben tener unos cinco milímetros de grosor y, si quieres, se puede distribuir la masa en diez cuadrados individuales, para luego no tener que cortar un vez deshidratada.

Deshidratar durante 4 horas, o hasta que la masa de plátano esté seca y puedas darles la vuelta con cuidado.

Despegar con cuidado, dar la vuelta y deshidratar por la otra cara unas 6 u 8 horas o hasta que los *wraps* estén secos pero aún flexibles.

Estas láminas las puedes guardar enrolladas y separadas entre ellas con papel de hornear sin blanquear en botes de vidrio bien cerrados y en un sitio fresco durante meses.

Para el paté

Combinar todos los ingredientes en un procesador de cocina y triturar hasta obtener una masa que recuerde al paté para untar.

Se puede guardar esta mezcla en un recipiente de vidrio con tapa en la nevera durante 3–7 días, lista para utilizar en ensaladas, rollitos, con rodajitas de manzana, con crudités, etc.

Para el relleno
En una lámina de plátano, untar una cucharada de paté, rellenar con brotes y hojas tiernas al gusto y enrollar.

Cuando compres plátanos, escoge siempre los más maduros, con motas negras en la piel, o déjalos madurar hasta que estén blanditos y moteados: cuanto más maduro el plátano, menor cantidad de almidón tendrá.

El plátano, si no está bien maduro, contiene grandes cantidades de almidón. Por eso, cuando comemos plátanos que no han madurado lo suficiente nos repiten, porque el almidón es non grato para nuestro sistema digestivo.

El plátano es muy rico en carbohidratos y casi no tiene grasas, y es un alimento que no engorda, al contrario de lo que se nos ha hecho creer: los alimentos naturales no engordan, lo que engorda es la mala alimentación, la comida en exceso y la vida sedentaria.

Es más, gracias a su contenido en potasio, el plátano ayuda a contrarrestar el sodio en nuestro organismo y favorece la eliminación de líquidos; es decir, no solo no engorda, sino que puede ser un buen aliado en las dietas de adelgazamiento.

Sus contenidos en magnesio y potasio también contribuyen a la relajación muscular, al buen funcionamiento del corazón y a la regulación arterial.

Es rico en fibra, pero también es rico en azúcares, con lo que no es indicado para personas con problemas de diabetes.

Muchos deportistas consumen plátano después de la práctica para recuperar energía y minerales, aunque su contenido proteico es muy bajo, con lo cual se recomienda acompañarlo con otros alimentos proteicos para conseguir un alimento completo, como semillas o frutos secos ricos en proteínas y lípidos saludables.

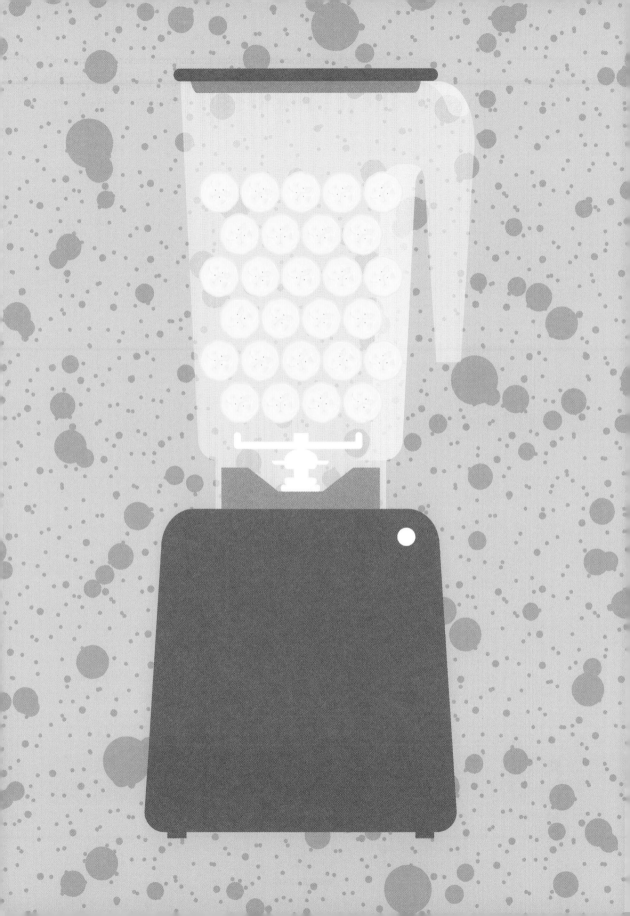

Crepes de mango y pera

Para 2 crepes
Tiempo de preparación 30 min. Listo en 8 horas

Ingredientes

Para las crepes de mango
2 mangos maduros, pelados y troceados (unos 400 g)

Para el relleno
1 mango maduro, pelado y troceado (unos 200 g)
1 pera (unos 100 g), con la piel y troceada
1 C de semillas de chía
1 C de zumo de limón

Para la mermelada de ciruelas
1 T de ciruelas pasas bien prensadas (140 g) y ya deshuesadas
1 T de agua de calidad

Método de preparación

Colocar las ciruelas para la mermelada en un bol cubiertas con el agua y dejar remojar durante 2 horas.

Batir las ciruelas con el agua hasta obtener una mermelada suave y rectificar añadiendo agua si es necesario hasta obtener la textura deseada. Reservar.

Batir los dos mangos para la crepe y extender la crema resultante sobre un recorte de papel de hornear sin blanquear o las láminas antiadherentes en las bandejas del deshidratador en forma de dos círculos de unos 5 mm de grosor.

Deshidratar entre 6 y 8 horas hasta que estén secos al tacto.

Despegar, dar la vuelta y deshidratar durante 2 horas más o hasta que estén secos y flexibles. Reservar.

Mezclar el limón, el mango, la pera y la chía en un bol y reservar.

Doblar las crepes en dos mitades y rellenar con la mezcla de mango y pera, decorar con la mermelada de ciruelas y servir.

Las peras son frutas ligeras y de fácil digestión que aportan energía rápida, pero de índice glucémico bajo. Son diuréticas por su contenido en potasio y arbutina, y su fibra soluble en forma de pectina contribuye a la salud intestinal y a equilibrar los niveles de colesterol, como ocurre con la manzana, membrillo, cítricos, zanahorias, calabazas, higos, plátanos y ciruelas.

Si quieres, puedes decorarlos con otras frutas de temporada, mejor que sea fruta semiácida.

Las peras son también muy nutritivas, ricas en vitaminas —C, del grupo B, E provitamina A—, minerales —sodio, fósforo, calcio, cobre, magnesio, manganeso, zinc, selenio y, sobre todo, potasio—, flavonoides antioxidantes de propiedades antiaging —quercetina, catequina, epicatequina— de propiedades circulatorias que favorecen el funcionamiento del sistema cardiovascular. Son tan nutritivas que se las considera un alimento antianémico, recomendadas en etapas de crecimiento, aunque con moderación durante el embarazo o lactancia debido a sus propiedades diuréticas, ya que una excesiva micción podría privar a los bebés de los nutrientes (hidrosolubles) necesarios.

Se las considera también depurativas y desintoxicantes, ya que contribuyen a la eliminación de metales pesados de nuestro organismo así como de las toxinas producto de los diferentes procesos metabólicos. Su contenido en antioxidantes favorecen la depuración del hígado e incluso se las utiliza en dietas indicadas para las desintoxicaciones químicas.

Rollitos Bloody Mary

Para unas 4 personas
Tiempo de preparación 30 min. Listo en 20 horas

Ingredientes

Para los rollitos

1 manzana (150 g) *Granny Smith* con la piel, el corazón y las semillas
2 T (unos 110 g) de tomates deshidratados
1 ajo, chafado y con la piel
2 C de zumo de limón
1 c de sal de apio
1 chile seco (5 g) troceado
1 C de aceite de oliva virgen extra
1 zanahoria grande (150 g) troceada
$^{1}/_{4}$ T de agua de calidad
$^{1}/_{4}$ T de semillas de girasol activadas y lavadas
1 C de semillas de chía, recién molidas

Para el relleno

12 olivas negras, deshuesadas y troceadas
$^{1}/_{4}$ T de anacardos, remojados 2 horas y lavados
$^{1}/_{4}$ T de agua de calidad
$^{1}/_{4}$ T de apio troceado
$^{1}/_{4}$ T de brotes de espinacas
$^{1}/_{4}$ T de brotes de alfalfa al gusto
Ciboulette al gusto

Método de preparación

Colocar todos los ingredientes para el rollito en una batidora de vaso y batir hasta obtener una mezcla suave.

Extender homogéneamente esta mezcla sobre recortes de papel de hornear sin blanquear o sobre las láminas antiadherentes en las bandejas del deshidratador con un grosor de unos 3 mm.

Deshidratar durante 8 horas, dar la vuelta y deshidratar 12 horas más.

Mientras se deshidratan los rollitos, puedes preparar la crema de anacardos.

Simplemente, batir los anacardos con el cuarto de agua en una batidora de vaso hasta obtener una mezcla muy suave y reservar en la nevera en recipiente de vidrio tapado.

Cuando los rollitos estén deshidratados, cortar en cuatro láminas iguales y rellenar al gusto con los ingredientes del relleno. Enrollar y servir.

El apio es un ingrediente clave en nuestras ensaladas de cada día por sus propiedades alcalinizantes y por su riqueza en sales minerales orgánicas —potasio, sodio, fósforo, calcio, magnesio, hierro, zinc— que, sin duda, contribuirán a fortalecer nuestro sistema óseo, muscular y nuestros tejidos en general.

Por su contenido en potasio, el apio es un alimento diurético; su fibra también tiene un papel importante en la eliminación, ambas cosas lo convierten en un depurativo natural fácil de añadir a la dieta. A esto se une el efecto oxigenante de las células de la apigenina, uno de sus flavonoides, factores que convierten al apio en un alimento realmente revitalizador.

Al apio se le atribuyen también propiedades digestivas, fortalecedoras del sistema cardiovascular, niveladoras del colesterol y el ácido úrico, hipotensoras, y, con su consumo en crudo, estimuladoras de la potencia sexual.

Tortitas crujientes de semillas

Para unas 8 tortitas

Tiempo de preparación 30 min. Listo en 12 horas

Ingredientes

Para las tortitas

2 y $^1/_2$ T de trigo sarraceno germinado y lavado

2 y $^1/_2$ T de semillas de girasol germinadas y lavadas

2 C de pasas de Málaga o sultanas

1 c de sal marina o del Himalaya

4 C de aceite de oliva virgen extra

4 tomates secos (8 mitades, unos 20 g), troceados y rehidratados

1 c de pimienta negra, recién molida

1 c de romero deshidratado, recién molido

Para dar forma a las tortitas

$^1/_2$ T de harina de trigo sarraceno germinado y deshidratado

Método de preparación

En un procesador de cocina, triturar la mitad del trigo sarraceno germinado y la mitad de las semillas de girasol germinadas.

Una vez esté todo triturado como un puré grueso, añadir las pasas, la sal, el aceite de oliva, los tomates secos, la pimienta y el romero y volver a triturar pero esta vez solo para mezclar homogéneamente los ingredientes, que queden tropezones de tomate.

Añadir esta masa gruesa en un bol y mezclar con el resto de las semillas de girasol y trigo sarraceno enteros con la ayuda de una cuchara de madera o una espátula.

Dividir la masa en ocho porciones.

Espolvorear la superficie de trabajo con parte de la harina de trigo sarraceno e ir añadiendo porciones de masa, espolvorear por encima con un poco de harina de trigo sarraceno para que no se nos pegue al modelar.

Dar forma de bolitas y chafar con las manos hasta obtener tortitas de un centímetro de grosor.

Colocar en las bandejas del deshidratador y deshidratar durante 12 horas o hasta que estén las tortitas bien deshidratadas y crujientes.

Aparte de su contenido en antioxidantes, el tomate destaca por su contenido en minerales como el potasio, que interviene en la regulación de los líquidos corporales y en el buen estado del sistema nervioso, el corazón y la musculatura. Es rico en calcio, vitamina C y provitamina A, contribuyendo al crecimiento celular, manteniendo huesos y dientes en buen estado, reforzando el sistema inmune y la salud ocular. También favorecen la cicatrización, rebajan la inflamación e incluso se le atribuyen propiedades estimulantes sexuales.

Crujientes de kale al toque de espirulina y wasabi

Para unos 44 crujientes

Tiempo de preparación 30 min. Listo en 24 horas

Ingredientes

Para los crujientes

500 g de col kale

2 dientes de ajo, chafados y con la piel

2 T de semillas de calabaza, activadas y lavadas

$^{1}/_{2}$ T de harina de almendras activadas y deshidratadas

1 T de semillas de lino activadas

1 T de aceite de oliva virgen extra

2 C de zumo de limón

2 T de agua de calidad

$^{1}/_{4}$ T de zumo de naranja

1 C de wasabi en polvo

1 c de sal marina o del Himalaya

$^{1}/_{2}$ T de levadura nutricional

$^{1}/_{4}$ T de espirulina en polvo

Para decorar

Pimienta negra recién molida al gusto

Pimentón dulce al gusto

Levadura nutricional al gusto

Método de preparación

Lavar las hojas de kale y trocearlas, hojas y tallos, con la ayuda de un cuchillo.

Colocar las hojas de kale y sus tallos en un procesador de cocina y triturar.

Añadir el resto de los ingredientes para los crujientes menos las semillas de lino y triturar hasta obtener una masa gruesa.

Combinar en un bol junto con las semillas de lino y mezclar homogéneamente con la ayuda de una espátula.

Extender esta masa en recortes de papel de hornear o sobre las láminas antiadherentes de las bandejas del deshidratador en láminas de unos 5 mm de alto.

Hacer marcas con una espátula a lo largo y lo ancho de las láminas para definir los futuros crujientes.

Espolvorear al gusto con pimienta negra recién molida, pimentón dulce y levadura nutricional.

Deshidratar a 60 °C durante 2 horas, para evitar que fermente la masa durante el posterior secado.

Deshidratar a 38 °C durante 8 horas más.

Dar la vuelta y espolvorear de nuevo al gusto con pimienta negra, pimentón dulce y levadura nutricional.

Deshidratar a 38 °C durante 14 horas más o hasta que estén secos y al gusto de crujiente.

El kale, un tipo de col rizada, se ha ganado el título de superalimento recientemente. El kale es rico en vitaminas K y C, del grupo B y provitamina A y los minerales manganeso, cobre, calcio, potasio y fibra de efecto prebiótico. También es rico en flavonoides, sus promotores dicen que contiene más de cuarenta y cinco tipos diferentes, lo que le confiere grandes propiedades antioxidantes, antiinflamatorias, anticancerosas e incluso reparadoras del ADN.

Pan de lino y semillas de calabaza

Para unos 20 panes

Tiempo de preparación 15 min. Listo en 12 horas

Ingredientes

3 T de harina de lino marrón o dorado activado y deshidratado

3 manzanas (450 g) *Granny Smith*, con la piel, el corazón y las semillas

$^1/_2$ T de agua de mar

1 c de pimienta negra, recién molida

$^1/_2$ T de pipas de calabaza activadas y lavadas

Método de preparación

Trocear las manzanas y colocarlas en un procesador de cocina junto con el agua de mar y la pimienta.

Procesar hasta obtener un puré muy suave y sin grumos.

Añadir el lino y volver a procesar hasta que todos los ingredientes estén triturados y mezclados homogéneamente.

Agregar a continuación a un bol con las pipas de calabaza y mezclar con una espátula o una cuchara de madera.

Extender la masa con 1 cm de grosor sobre un recorte de papel de hornear sin blanquear o sobre las láminas antiadherentes del deshidratador y deshidratar durante 8 horas.

A las 8 horas, dar la vuelta y deshidratar 4 horas más directamente sobre las bandejas del deshidratador.

Una vez deshidratado, cortar con la ayuda de un cuchillo en ocho porciones rectangulares lo más parecidas posibles.

Aparte de su contenido en ácidos grasos omega 3, el lino contiene un tipo de flavonoides, los lignanos, a los que se les atribuyen propiedades anticancerosas importantes y reguladoras hormonales especialmente vinculados a la salud femenina. Los lignanos también tienen reconocidos beneficios para la salud cardiaca y ósea.

Debido a su contenido en los delicados omega 3 vegetales, el lino es una semilla muy delicada de fácil oxidación una vez se ha molido y de oxidación rápida, incluso cuando está entero. Por eso es recomendable molerlo en el momento de usarlo y conservarlo en botes de vidrio con tapa en un lugar fresco y fuera del alcance de la luz directa.

Otras fuentes ricas en lignanos son las semillas de calabaza, girasol, amapola y sésamo; las bayas, frutas y vegetales enteros.

Crackers de lino y mango

Para unos 20 *crackers*

Tiempo de preparación 30 min. Listo en 12 horas

Ingredientes

1 mango, pelado y deshuesado (unos 200 g)

2 T de semillas de lino dorado activado

$^1/_4$ c de sal marina o del Himalaya

$^1/_4$ c de pimienta negra, recién molida

10 hojas de albahaca fresca

$^1/_2$ c de cúrcuma en polvo

1 C de zumo de limón

Tiempo de preparación

En un procesador de cocina, batir todos los ingredientes menos las semillas de lino y las hojas de albahaca hasta obtener un puré muy suave.

En un bol, combinar esta mezcla con las semillas de lino sin triturar y mezclar con una cuchara de madera o una espátula.

Cortar las hojas de albahaca en *chiffonade* y mezclar con el resto de los ingredientes.

Extender sobre recortes de papel de hornear sin blanquear o sobre las láminas antiadherentes del deshidratador en capas finas de unos 2 mm de grosor y deshidratar durante 8 horas.

Dar la vuelta y deshidratar 4 horas más.

Cortar con un cuchillo bien afilado para obtener *crackers* regulares, o bien con la ayuda de las manos para obtener *crackers* irregulares.

Consumir tan solo un mango mediano al día nos puede aportar la mitad de la cantidad diaria recomendada de vitamina A y C, así como de algunas vitaminas del grupo B, polifenoles y betacarotenos. Los mangos también contienen calcio, hierro y potasio, fósforo, selenio, folato, zinc y son ricos en aminoácidos.

Thins de remolacha y semillas

Para unos 10 *thins*

Tiempo de preparación 30 min. Listo en 20 horas

Ingredientes

Para los *thins*

1 T de harina de almendras activadas y deshidratadas

$^1/_2$ T de harina de chufa

1 C de cáscara de psyllium en polvo

1 remolacha mediana (unos 100 g)

1 C de zumo de limón

1 T de agua de calidad

Para decorar

Semillas de calabaza activadas, al gusto

Semillas de girasol activadas, al gusto

Semillas de amapola, al gusto

Método de preparación

Combinar todos los ingredientes para los *thins* en un procesador de cocina y triturar.

Añadir suficiente agua hasta obtener una pasta suave que pueda extenderse fácilmente. Extender la masa de remolacha con un grosor de unos 5 mm sobre recortes de papel de hornear sin blanquear o sobre las láminas antiadherentes del deshidratador.

Decorar con las semillas.

Deshidratar durante 8 horas, dar la vuelta y deshidratar durante 12 horas más o hasta que estén crujientes.

Trocear con las manos o con un cuchillo, en trozos más o menos del mismo tamaño.

Aunque la remolacha es popularmente conocida por su contenido en hierro, es portadora de gran cantidad de minerales orgánicos, el manganeso en mayor proporción, seguido del cobre, el magnesio y el potasio, el fósforo, el sodio, el hierro y el zinc, el calcio y el selenio.

230

La remolacha es una raíz muy interesante por su naturaleza proteica completa, contiene de manera bastante equilibrada todos los aminoácidos esenciales. Es también rica en vitamina C, y el grupo de las vitaminas B, donde destaca su riqueza en folatos. Es también uno de los vegetales más ricos en azúcares naturales, pero también en fibra.

Es rica en nitratos naturales que se convierten en óxido nítrico en el cuerpo al ser metabolizados. Este óxido ayuda a dilatar los vasos sanguíneos, mejorando el flujo sanguíneo, disminuyendo la presión arterial, previniendo las enfermedades cardiovasculares pero también impulsando la estamina y especialmente beneficiando la práctica de deporte y la mejor tolerancia del ejercicio de alta intensidad.

Gracias a su contenido en betaínas son muy antiinflamatorias, protegiendo a nuestras células del estrés ambiental y las enfermedades crónicas. Sus fitonutrientes, que le dan su poderoso color carmín, se consideran también poderosos ingredientes anticáncer. Otro tipo de pigmentos de la remolacha (las betalaínas) tienen un efecto desintoxicante, ayudando en la eliminación y en la purificación hepática y de la sangre.

Galletitas de sarraceno y almendras

Para unas 18 galletitas

Tiempo de preparación 30 min. Listo en 12 horas

Ingredientes

Para las galletitas

1 T de almendras, activar y lavar

1 T de trigo sarraceno, germinar y lavar

$^1/_4$ T de semillas de amapola

2 C de chía, recién molida

1 T de agua de calidad

1 c de sal marina o del Himalaya

4 C de aceite de cáñamo crudo

$^1/_4$ T de harina de coco

1 C de ralladura de limón

Para decorar

$^1/_4$ T de semillas de cáñamo

Método de preparación

Triturar todos los ingredientes para las galletitas en un procesador de cocina hasta obtener una masa gruesa.

Extender con la ayuda de una espátula sobre recortes de papel de hornear sin blanquear o sobre las láminas antiadherentes en las bandejas del deshidratador hasta conseguir láminas de masa rectangulares de unos 5 mm de alto.

Decorar con las semillas de cáñamo y, con una espátula o un cuchillo, hacer marcas a la masa por donde cortaremos las galletitas una vez estén deshidratadas.

Deshidratar durante 6 horas, retirar las láminas o el papel de hornear, dar la vuelta y deshidratar durante 6 horas más o al gusto directamente sobre las bandejas del deshidratador.

Las semillas de amapola son muy ricas en ácidos grasos esenciales omega 3 y en fibra, ayudan a regular el tránsito intestinal, a equilibrar los niveles de colesterol y a mejorar las enfermedades inflamatorias. Se recomiendan para mejorar artritis, diabetes, paliar los síntomas de la menopausia y para personas con problemas cardiovasculares o colesterol LDL alto.

Grisines de alga cochayuyo

Para unos 20 grisines
Tiempo de preparación 30 min. Listo en 12 horas

Ingredientes

Para los grisines
1 T de alga cochayuyo troceada sin hidratar
1 T de almendras activadas, lavadas y peladas
1 T de agua de calidad
$1/4$ T de levadura nutricional
$1/4$ T de harina de coco
$1/4$ T de semillas de chía

Para dar forma
1 C de harina de coco

Método de preparación

Moler el cochayuyo en una batidora de vaso turbo hasta convertir en polvo.

Combinar todos los ingredientes para los grisines en un procesador y triturar hasta conseguir una masa gruesa y modelable.

Dividir esta masa en 20 porciones iguales.

Espolvorear la superficie de trabajo con harina de coco y hacer rodar cada porción de masa con la ayuda de las manos presionando al mismo tiempo desde el centro a los extremos hasta conseguir dar forma de grisines a todas las porciones.

Colocar los grisines en una bandeja en el deshidratador y deshidratar durante 12 horas o hasta que estén completamente secos y crujientes.

Si te interesa incrementar la cantidad de yodo en tu dieta, las algas son tu mejor aliado; en especial el kombu y el cochayuyo, la *super star* del yodo entre las algas. Es originaria de la costa chilena y peruana, de color pardo y textura casi musculosa.

Para absorber el yodo de los alimentos, se recomienda evitar tomar agua clorada y fluorada, o alimentos que hayan sido tratados con estos químicos —como las aceitunas desamargadas con componentes clorados, los vegetales no ecológicos que han sido rociados con químicos fluorados, o los procesados con aditivos de cualquier tipo—, e incluso pasta de dientes o productos de higiene personal que contengan estos ingredientes, ya que el flúor y el cloro son dos químicos que inhiben su absorción y que llegan a nuestro organismo no solo con la ingesta, sino al contacto con la piel o con las mucosas bucales.

Focaccia de avena germinada al romero

Para 2 *focaccias* para 4-6 personas
Tiempo de preparación 30 min. Listo en 24 horas

Ingredientes

Para la *focaccia*

1 T de almendras, activadas, peladas y deshidratadas
1 T de harina de lino dorado activado y deshidratado
3 C de cáscara de psyllium en polvo
1 T de harina de avena de brotes deshidratados
1 T de masa fermentada de germinados de avena (ver método más abajo)
2 dátiles medjool (unos 30 g) recién deshuesados
1 C de sal marina o del Himalaya

Para dar forma

¹/₄ T de harina de almendras activadas, peladas y deshidratadas

Para decorar

1 C de hojas frescas de romero
Tomates cherry al gusto
Olivas muertas al gusto
1 C de aceite de oliva virgen extra

Método de preparación

Para la masa fermentada de germinados de avena, moler media taza de germinados frescos de avena junto con media taza de agua de calidad.

Colocar en un bote de vidrio con tapa y cerrado, dejando la mitad del bote vacío para que al subir la masa durante la fermentación tenga aire y no rebose. Fermentar durante tres días a temperatura ambiente.

Una vez obtenida esta masa, colocar todos los ingredientes secos para la *focaccia* en un procesador de cocina y procesar hasta obtener una harina suave. Añadir los ingredientes húmedos y procesar hasta obtener ahora una masa suave.

Espolvorear la superficie de trabajo con el cuarto de taza de harina de almendra.

Dividir la masa en dos partes iguales, mezclar con parte de las hojas de romero y dar forma de mini *focaccia* plana sobre la superficie espolvoreada de harina de almendras.

Repetir con la otra parte de la masa.

Decorar con las hojas de romero, tomates cherry cortados por la mitad, olivas muertas y un chorrito de aceite de oliva virgen extra.

Colocar sobre un recorte de papel de hornear sin blanquear o en las láminas antiadherentes del deshidratador y deshidratar durante 12 horas.

A las 12 horas, retirar del papel o láminas y deshidratar directamente sobre las bandejas del deshidratador durante 12 horas más.

Si se quiere, se puede cortar en cuadritos lista para servir y deshidratar durante 2 horas más o hasta que esté al gusto.

Una de las cosas que me apasiona es investigar sobre el origen de los nombres que utilizamos a diario. En el caso del romero, su nombre es pura poesía, del latín rosmarinus, «rocío del mar», sin duda su origen etimológico nos recuerda su hábitat mediterráneo original y apela a su belleza y elegancia. ¿Lo has visto en flor? Es uno de los arbustos más bellos, con sus hojas plateadas casi de aguja, y sus pequeñas flores suaves y delicadas como suspiros.

Sus aceites se encuentran como ingrediente clave en muchos remedios de medicina tradicional para la salud del cabello, para calmar el dolor muscular, mejorar los sistemas circulatorio e inmunológico, para purificar el aire o combatir las infecciones.

Es también una excelente fuente de antioxidantes y compuestos antiinflamatorios que ayudan a mejorar la memoria y la concentración, regulan los niveles de azúcar en sangre, previenen el envejecimiento cerebral, protegen contra la degeneración macular y tienen propiedades anticancerosas.

Además, es rico en calcio, hierro, vitaminas del grupo B, cobre, magnesio, potasio, vitaminas A y C. Y aunque es cierto que las hierbas aromáticas se consumen en poca cantidad, todo pequeño factor suma, más aún en una alimentación natural, ancestral y consciente.

PANES VIVOS y CONSCIENTES

Pizzas, empanadas y tartaletas

The ultimate quiche

Para una *quiche* de unos 21 cm de diámetro (unas 8 porciones)
Tiempo de preparación 30 min. Listo en 6–8 horas

Ingredientes

Para la base

2 nabos (360 g), lavados y troceados
1 pellizquito de sal marina o del Himalaya
1 C de aceite de oliva virgen extra
1 C de zumo de limón
1 ajo, chafado y con la piel
2 T de harina de almendras activadas y deshidratadas

Para el relleno

2 calabacines medianos (300 g), pelados
1 T de anacardos, remojados durante 2 horas y lavados
10 tomates deshidratados (20 mitades, unos 85 g), troceados finitos y sin hidratar
1 C de zumo de limón
1 pellizquito de sal marina o del Himalaya
$^1/_4$ T de shiitake deshidratadas y sin rehidratar
$^1/_4$ T de alga dulse, troceada y sin rehidratar
2 endivias, cortadas verticalmente en 8 barquitas

Método de preparación

Para la base

Necesitarás un molde para *quiche* de unos 21 cm de diámetro y un recorte de papel de hornear sin blanquear suficiente para cubrir la base y ayudar a desmoldar más tarde la *quiche*.

Colocar todos los ingredientes menos la harina de almendra en una batidora de vaso o un procesador de cocina y batir hasta obtener una mezcla homogénea.

En un bol, colocar la harina de almendra, hacer un hueco en el centro y verter la mezcla líquida acabada de preparar.

Con una espátula, mezclar los ingredientes lo más homogéneamente posible y acabar mezclando bien la nueva masa con la ayuda de las manos.

Colocar la masa sobre el molde cubierto con el papel de hornear.

Extender y modelar la masa primero con una espátula y luego presionando con los dedos hasta cubrir el molde de manera homogénea creando una capa de 1 cm de grosor.

Deshidratar durante 2 horas.

Para el relleno

Combinar todos los ingredientes menos las setas, el tomate, las algas y las endivias en una batidora de vaso y batir hasta obtener una mezcla homogénea.

En un bol, combinar con las algas, las setas y los tomates secos, mezclar bien con una espátula para que los ingredientes deshidratados absorban el líquido.

Verter la nueva mezcla con tropezones de setas, algas y tomate en el centro de la masa de la *quiche* que se ha deshidratado previamente durante 2 horas y decorar con las endivias.

Colocar en una bandeja en el deshidratador y deshidratar durante 6 u 8 horas más.

Servir tibia.

Como el resto de los vegetales, las endivias son muy ricas en fibra útil para regular el tránsito intestinal y favorecer la eliminación.

También son ricas en mucílago, un bálsamo para el aparato digestivo que protege la mucosa intestinal, ayuda a evitar inflamaciones y gases y la acidez de estómago. Añadirla a nuestra ensalada y a otros platos más densos contribuirá a que los alimentos, sobre todo enteros en crudo y sin ningún tipo de preparación, tengan una digestión más ligera.

Pizza con salsa de tomate y setas

Para 1 pizza para 4 personas
Tiempo de preparación 30 min. Listo en 14 horas

Ingredientes

Para la base
3 T de zanahoria rallada (entre 7 y 8 zanahorias medianas, unos 480 g)
1 T de harina de almendras activadas y deshidratadas
$^1/_2$ c de sal marina o del Himalaya
2 dientes de ajo, chafados y con la piel
$^1/_4$ T de cebolla dulce picada (1 cebolla pequeña)
1 T de harina de lino dorado activado y deshidratado
$^1/_8$ T de harina de coco
$^1/_2$ T de levadura nutricional
$^1/_8$ T de aceite de oliva virgen extra

Para la salsa de tomate
6 tomates secos (12 mitades, unos 50 g), rehidratados con agua de calidad durante unas 8 horas
3 dátiles medjool (unos 45 g) recién deshuesados
2 hojas de laurel
1 pellizquito de pimienta negra, recién molida
$^1/_2$ c de nuez moscada, recién molida
1 C de levadura nutricional

Para el relleno
$^1/_2$ T de brotes de alfalfa, o tus brotes preferidos
$^1/_2$ pimiento rojo dulce, cortado a tiras finas
1 C de tamari sin pasteurizar o 2 C de agua de mar
1 C de aceite de oliva virgen extra
1 C de sirope de arce, de yacón o de flor de coco
$^1/_2$ T de setas al gusto (setas de cardo, rebozuelos, rebozuelo anaranjado)
1 ajo, chafado, pelado y picadito
1 C de hojas de orégano secas

Método de preparación

Para la base
Combinar todos los ingredientes en un procesador de cocina y procesar hasta obtener una masa modelable y lo más homogénea posible.

Sobre un recorte de papel de hornear sin blanquear o una lámina antiadherente del deshidratador, dar forma a la base de pizza, circular o rectangular según gusto, con un centímetro de grosor.

Todas las setas pueden considerarse medicinales ya que contienen una serie de nutrientes beneficiosos para la salud. Destacan por su contenido en minerales y vitaminas.

Con una espátula, crear las divisiones de las futuras porciones.

Colocar en el deshidratador y deshidratar durante 12 horas, dar la vuelta y deshidratar 2 horas más, o hasta obtener una base seca y crujiente al gusto.

Para la salsa de tomate
Combinar todos los ingredientes en una batidora de vaso y batir hasta obtener una salsa suave y homogénea; rectificar de agua si es necesario.

Reservar.

Para el relleno
Trocear las setas al gusto con las manos partiendo desde el pie de la seta.

Combinar en un bol con el tamari o el agua de mar, el aceite de oliva, el sirope de tu elección, el orégano y el ajo.

Reservar dejando macerar como mínimo unos 30 minutos.

Con una cuchara sopera, repartir la salsa de tomate sobre la base de la pizza distribuyendo con el envés de la cuchara.

Decorar al gusto con los ingredientes para el relleno y servir.

Los tomates bien maduros, preferiblemente en planta, y los deshidratados son frutas neutras —si no están bien maduros son ácidos— que se pueden mezclar con otros ingredientes vegetales sin que nos causen problemas digestivos (fermentaciones, digestiones parciales, etc.).

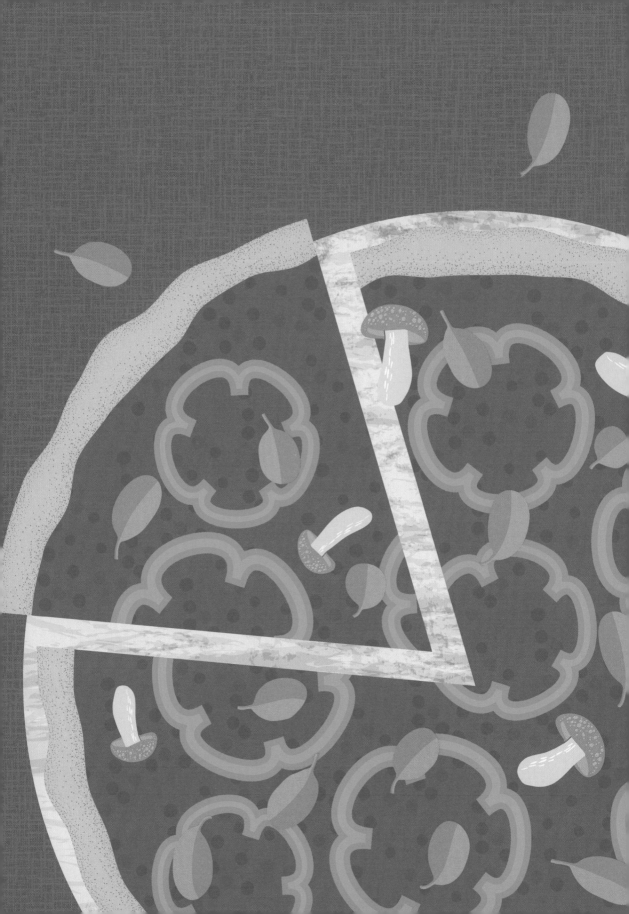

Las setas contienen potasio, fósforo, selenio, cobre, hierro, calcio, sodio, magnesio, manganeso, silicio, azufre, vitaminas del grupo B. Son alimentos poderosos de los que no necesitamos comer mucho para beneficiarnos, pero sí incluirlos en nuestro plato a menudo.

Las setas son realmente interesantes por sus propiedades antibióticas naturales. De hecho, la penicilina se sintetizó a partir de uno de sus componentes —penicillium notatum— que se encuentra tanto en las comunes setas comestibles como en las venenosas.

Empanadas de rebozuelo

Para 6 empanadas

Tiempo de preparación 30 min. Listo en 2 horas.

Ingredientes

Para la masa de las empanadas

1 T de harina de lino dorado activado y deshidratado

$^1/_2$ T de harina de coco

1 manzana *Golden Delidicious* (150 g), con la piel, el corazón y las semillas y recién batida

$^1/_3$ T de agua de mar

Para dar forma

$^1/_2$ T de harina de coco

Para el relleno

8 ciruelas pasas (120 g), deshuesadas y troceadas

1 C de tamari sin pasteurizar o 2 C de agua de mar

1 C de aceite de oliva virgen extra

1 T de espinacas *baby*, troceadas

4 setas rebozuelo, troceadas y maceradas en 1 C de tamari sin pasteurizar o 1 C de zumo de limón y 2 C de agua de mar (si no se encuentra rebozuelo se puede sustituir por trompetas amarillas, maitake o shiitake)

10 aceitunas negras muertas, sin el hueso y troceadas

Para pintar

1 C de aceite de oliva virgen extra

1 C de agua de mar

1 C de sirope de arce, de yacón o de flor de coco

Método de preparación

En un bol, combinar los ingredientes en seco para la masa de las empanadas y mezclar bien homogéneamente.

Incorporar la manzana batida y el agua de mar y mezclar bien hasta obtener una masa modelable.

Dividir la masa en seis porciones.

Recortar dos hojas de papel de hornear sin blanquear en cuadrados de unos 20 cm de lado.

Colocar una porción de masa entre las dos hojas de papel de hornear sin blanquear y alisar con la ayuda de un rodillo.

La masa debe tener unos 2 mm de grosor.

Recortar la masa utilizando un aro cortapastas de 12 cm de diámetro.

Espolvorear con un poquito de harina de coco y reservar.

Repetir con el resto de las porciones de la masa.

Reservar.

Combinar todos los ingredientes del relleno en un bol y mezclar homogéneamente.

Rellenar cada círculo de masa con una porción del relleno.

Doblar por la mitad y presionar los bordes con los dedos hasta cerrar la empanada. Humedecer los bordes con un poco de agua para que la masa se cierre bien.

Repetir con el resto de la masa y el relleno.

Colocar todas las empanadas en el deshidratador y deshidratar durante 1 hora.

Pintar con la mezcla para este efecto y deshidratar 1 hora más.

Servir las empanadas tibias acompañadas de una ensalada verde.

Las setas pueden considerarse alimentos medicinales. Desde este punto de vista, destacan tres setas utilizadas tradicionalmente en Oriente por sus propiedades curativas y *well-aging* mucho más potentes que el resto de las setas. Son el maitake, el reishi y el shiitake que, según investigaciones recientes, han demostrado gran eficiencia en el tratamiento de enfermedades degenerativas e inflamatorias: cáncer, colesterol elevado, diabetes, hipertensión, fatiga crónica, artritis, asma, etc.

De todos modos todas las setas contienen en diferentes proporciones principios *well-aging* responsables de su poder curativo: polisacáridos del tipo beta-glucanos, que estimulan los procesos del organismo para reforzar las capacidades naturales del sistema inmune ante elementos extraños, células tumorales o infectadas por virus y capaces de destruir y colaborar en la formación de nuevas enfermedades; tripternos que ayudan a mejorar la circulación y disminuyen la presión arterial; antihistamínicos que ayudan a disminuir las alergias y reducen la inflamación que estas producen en el organismo.

Algunos usos de las setas comestibles como terapia preventiva y curativa incluyen: la curación del cáncer, la estimulación del sistema inmune, la fluidificación de la sangre y protección de las arterias mejorando la circulación y previniendo enfermedades circulatorias como los ataques cardiacos, las taquicardias, la aterosclerosis, las apoplejías.

⌐Tartaletas de crema de «cabrawles» y shimeji~

Para 6 tartaletas
Tiempo de preparación 30 min. Listo en 2 horas.

Ingredientes

Para la tartaleta

1 ¹/₂ T de anacardos triturados al punto de harina
3 C de harina de lino dorado activado y deshidratado
1 diente de ajo, pelado y chafado
2 C de agua de mar
1 C de zumo de limón

Para el relleno

2 C de queso crema de *cabrawles* (pág. 96)
1 T de rúcula
5 hojas grandes de albahaca fresca
1 C de cebolla dulce picadita fina
1 C de miso blanco sin pasteurizar
150 g de setas shimeji blancas o negras (también se puede usar enoki o shiitake, o trompeta negra)
1 C de sirope de arce, de yacón o de flor de coco
1 C de tamari sin pasteurizar o 2 C de agua de mar
1 pellizquito de pimienta negra

Método de preparación

Triturar todos los ingredientes para la masa hasta obtener una masa modelable. Dividir la masa resultante en seis porciones.

Modelar en forma de tartaletas con la ayuda de un molde circular o bien dándole forma más irregular con la habilidad de las manos.

En un bol, combinar todos los ingredientes para el relleno y masajear bien hasta ablandarlos un poquito. Dejar macerar unos 15 minutos

Rellenar las tartaletas con el relleno, colocar en las bandejas del deshidratador y deshidratar durante 2 horas. Servir tibias.

A la hora de preparar las setas en crudo, conviene como mínimo macerarlas unos 30 minutos —dependiendo de la variedad, hasta algunas horas— en algún aliño que las ablande o en zumo de limón, para facilitar su digestión, ya que contienen sustancias difíciles de gestionar por nuestro sistema digestivo, como la quitina, una proteína que forma las paredes de los hongos y que también se encuentra en la formación de los esqueletos de los insectos, crustáceos y arácnidos. Nuestro aparato digestivo no puede digerir ni transformar la quitina —lo mismo que pasa con la celulosa en muchos vegetales—, la debe eliminar; así que si se consume en grandes cantidades corremos el riesgo de sufrir digestiones pesadas, hinchazón y flatulencias, e incluso caer en estados de saturación de los órganos emuntorios. Otro método que también facilita mucho su digestión y las vitaliza es la fermentación.

A la hora de comprarlas, asegúrate de que sean ecológicas, ya que absorben los tóxicos de su entorno.

-

Para acompañar

-

Es una elaboración que puede alargarse unos días, pero una vez preparada y envuelta en papel de hornear sin blanquear dura semanas e incluso meses en la nevera.

Dulce de membrillo

Tiempo de preparación 30 min. Listo en 4 días

Ingredientes

1 T (400 g) de pasas sultanas
1 T de zumo de membrillo (dos membrillos grandes, de unos 200 g cada uno)

Método de preparación

Cortar los membrillos en trozos muy pequeños —son muy duros para el extractor— y extraer el zumo utilizando un extractor de zumos *cold-press* o similar.

Remojar las pasas en el zumo de membrillo durante unos 15 minutos.

Batir esta mezcla en una batidora de vaso hasta obtener un puré denso y muy suave.

Forrar un molde rectangular con papel de hornear sin blanquear.

Colocar el puré de pasas y zumo de membrillo en el molde y deshidratar durante 24 horas.

Pasado este tiempo, dar la vuelta y deshidratar 24 horas más sobre un recorte de papel de hornear nuevo, habiendo retirado el primero.

Repetir el volteado y el deshidratado una vez más o tantas veces como sea necesario hasta obtener la consistencia deseada.

Las pasas no solo son reconstituyentes y vigorizantes por su aporte energético y sus altas dosis de vitaminas y minerales. Son ricas en vitaminas del grupo B, magnesio y calcio, ideales para combatir el agotamiento físico, la fatiga y el estrés.

Al ser ricas en fósforo, las encontraremos recomendadas como un «alimento para estudiantes», para personas con pérdida de memoria o para personas que se encuentran en la vejez.

También son muy ricas en flavonoides de propiedades muy antiinflamatorias, y las semillas y la piel son ricas en el potente antioxidante resveratrol. Mastica las semillas cuando las comas, para aprovechar las propiedades, o tritúralas en un pudin o en una receta tan deliciosa como este dulce de membrillo, o el pan de chocolate (pag. 201), sin nada de cocciones y sin una gota de azúcar añadida.

Como este dulce tan sencillo está compuesto básicamente por pasas, nos beneficiaremos de estas propiedades y de otras como su suave efecto laxante y limpiador del intestino, su efecto prebiótico, sus carotenos que refuerzan la salud de la piel y la ocular o su efecto remineralizante para huesos, articulaciones y musculatura.

Sorprendentemente, gracias a todas estas propiedades, las pasas, a pesar de ser tan ricas en azúcares naturales, son también un alimento alcalinizante.

Suele demonizarse a las pasas culpándolas de ser responsables de ganar peso en la dieta, o de no ayudar a perderlo debido a su alto contenido en azúcares. Lo cierto es que es otra de las manías dietéticas de nuestros días, ya que un puñado de pasas contiene menos azúcares que una manzana grande, y nadie culpa a las manzanas de ser responsables de que ganemos peso.

Muy al contrario, las pasas son un superalimento del Mediterráneo del que deberíamos disfrutar más a menudo, ya que tienen propiedades antianémicas por su contenido en hierro, manganeso, cobre y folatos que ayudan a la formación de nuevos glóbulos rojos.

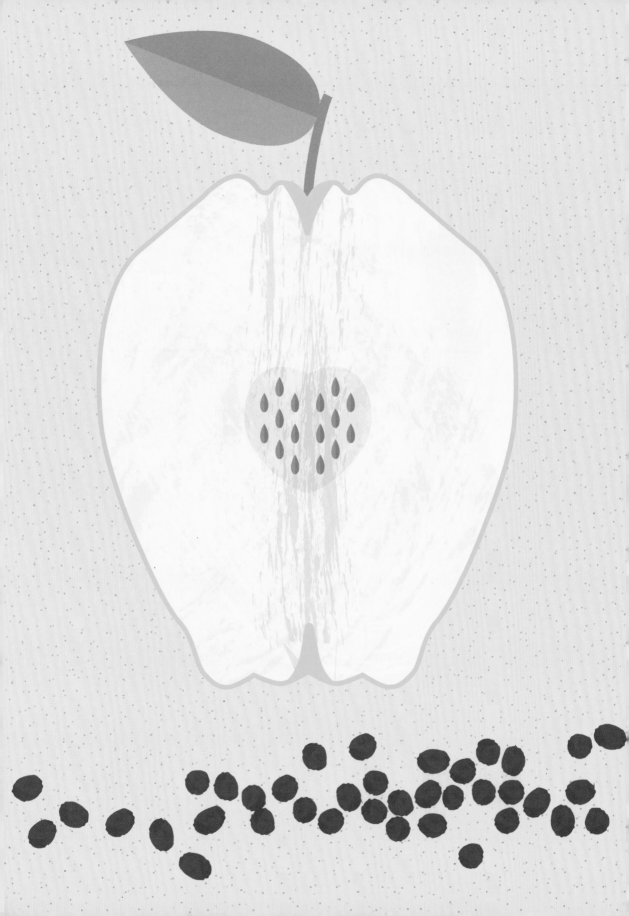

Mantequilla raw y mantequillas con aromáticas y flores

Tiempo de preparación 15 min. Listo en 2 horas

Ingredientes

$^1/_2$ T de aceite de coco crudo, en estado líquido
$^1/_2$ T de aceite de oliva virgen extra
$^1/_8$ c de sal marina o del Himalaya
Hierbas aromáticas secas o frescas al gusto o pétalos de flores

Método de preparación

En una batidora de vaso combinar todos los ingredientes y batir hasta que emulsionen.

Utilizar un molde para chocolatinas de 15 ml y rellenar con la emulsión.

Refrigerar en la nevera unas 4 horas mínimo o hasta que la emulsión se haya endurecido completamente.

Desmoldar y envolver cada bloquecito de mantequilla en cuadrados de papel de hornear sin blanquear para poder guardar en la nevera sin que absorban olores.

Si tienes prisa, también puedes endurecer los bloques de mantequilla en el congelador, con 30 minutos basta. No se trata de congelar, sino de acelerar el proceso de endurecimiento.

También puedes mezclar tus mantequillas con hierbas aromáticas frescas o deshidratadas: *ciboulette*, albahaca, orégano, perejil, cilantro, tomillo e incluso pétalos de flores frescas o deshidratadas. Estas últimas son mucho más fáciles de encontrar en los herbolarios.

Para estas mantequillas, mezclar la emulsión con las aromáticas o flores en un bol y refrigerar unos 15 o 30 minutos en la nevera; una vez empiece a endurecer la mantequilla les puedes dar forma de rulos, o de bloques y volver a refrigerar hasta su consumo.

Las hierbas y especias contienen algunos de los antioxidantes más poderosos; en muchos casos superando otras fuentes alimenticias reconocidas por su poder antioxidante como los arándanos o las manzanas.

Si bien cada especia ofrece un conjunto único de beneficios para la salud, todas comparten similares propiedades preventivas de enfermedades del corazón y el envejecimiento prematuro. Entre las más potentes hierbas y especias figuran el clavo, la canela, la pimienta, el orégano, la mejorana, la salvia, el tomillo, la albahaca, el romero y el ajo.

Mermelada de ciruelas

Tiempo de preparación 15 min. Listo en 15 min.

Ingredientes

1 $1/2$ T de ciruelas pasas, recién deshuesadas
1 $1/3$ T de agua de calidad
1 pellizquito de sal marina o del Himalaya

Método de preparación

Combinar todos los ingredientes en un bol y dejar remojando durante 8 horas o durante la noche para que se ablande la fruta y se pueda batir mejor para conseguir una consistencia suave.

Una vez transcurrido este tiempo, procesar en un procesador de cocina o batir en una batidora de vaso hasta obtener una textura suave.

Rectificar de agua hasta conseguir el espesor deseado.

Esta mermelada se puede guardar en botes de vidrio con tapa en la nevera durante un par de semanas. Dura más tiempo, pero fermenta rápido. Una vez fermenta, se puede consumir igual, aunque su sabor es más efervescente y menos dulce; pero con un contenido nuevo en probióticos naturales y menor contenido de azúcares.

Las ciruelas pasas son un alimento al que se le conocen propiedades suavemente laxantes y beneficiosas para la salud intestinal, son ricas en fibra, potasio y fitoquímicos de potente acción antioxidante.

Aunque sean muy dulces, no ocasionan picos de azúcar al consumirlas, gracias a su contenido en fibra y sorbitol, un tipo de azúcar no fermentable de efecto prebiótico.

Son también ricas en compuestos fenólicos que evitan la oxidación del colesterol LDL, en potasio, clave en la salud cardiovascular y muscular; en boro y cobre, claves para la salud ósea.

Chutney de mango

Tiempo de preparación 15 min. Listo en 15 min.

Ingredientes

1 ½ T de mango deshidratado

1 ⅓ T de agua de calidad (o al gusto)

1 pellizquito de sal marina o del Himalaya

1 c de chile en polvo (opcional)

1 c de jengibre en polvo

1 c de cúrcuma en polvo

1 c de curry en polvo

1 c de cilantro deshidratado, recién molido (o cilantro fresco picadito fino)

Método de preparación

Combinar el mango, el agua y la sal en un bol y dejar remojando durante 8 horas o durante la noche para que se ablande la fruta.

Una vez transcurrido este tiempo, batir en una batidora de vaso con el resto de los ingredientes hasta obtener una textura suave. Rectificar de agua hasta conseguir el espesor deseado.

Si se opta por el cilantro fresco, añadirlo picadito al final y mezclar con una espátula después de batir el resto de los ingredientes hasta obtener una textura suave.

Se estima que la cúrcuma tiene alrededor de unos ciento cincuenta diferentes beneficios terapéuticos gracias a la acción de uno de sus componentes, la curcumina. A este componente se le atribuyen propiedades antiinflamatorias protectoras del sistema neurológico y del cerebro, del sistema cardiovascular, de las articulaciones e incluso propiedades antivíricas y antifúngicas tan potentes como para hacer frente a las enfermedades infecciosas, víricas y degenerativas más serias. Para asimilarla mejor se recomienda consumirla acompañada de grasas saludables y pimienta negra.

Esta es una mermelada digestiva y alcalinizante, deliciosa para acompañar un desayuno cremoso de queso de almendras (pág. 121) y frutos del bosque.

Mermelada de dátil y jengibre

Tiempo de preparación 15 min. Listo en 15 minutos

Ingredientes

10 dátiles medjool (unos 150 g), recién deshuesados
1 T de agua de calidad
1 trocito de raíz de jengibre de unos 3 cm
1 C de zumo de limón
1 pellizquito de sal marina o del Himalaya

Método de preparación

Rallar el jengibre y con la ayuda de una muselina prensar y extraer el zumo.

Colocar todos los ingredientes en una batidora de vaso y batir hasta obtener una mezcla suave.

El jengibre es una especia rica en vitamina C y propiedades antiinflamatorias, se la conoce por ayudar a calmar y relajar el tracto intestinal. A sus propiedades termogénicas se le atribuye la capacidad de incrementar el metabolismo, así como tener un efecto supresor del apetito, por lo cual se utiliza comúnmente en dietas para el control de peso.

Mermelada de frutos del bosque

Tiempo de preparación 15 min. Listo en 15 minutos

Ingredientes

1 1/2 T (250 g) de frutos del bosque de temporada (cerezas, fresas, fresones, grosellas, moras, arándanos...)

4 C de semillas de chía

4 gotas de extracto líquido de estevia, con los principios activos (de venta en herbolarios) o 1 C de sirope de arce, de yacón o de flor de coco

Método de preparación

Colocar los frutos del bosque con la estevia o el sirope en un bol y chafar con la ayuda de un tenedor hasta obtener un puré grueso.

Añadir las semillas de chía y mezclar homogéneamente con el puré de frutos del bosque.

Dejar reposar unos 15 minutos hasta que las semillas de chía se hidraten bien y se espese la mezcla.

Frambuesas, fresas, arándanos, moras, grosellas, madroños, saúco, endrinos, granadas, cerezas, uvas, escaramujos, higos, acerola son algunas de las frutas que generalmente se engloban bajo el nombre frutos del bosque. Todas tienen como común denominador su intenso color rojo, azul e incluso morado casi negro, indicativo de su alto contenido en antioxidantes.

Tienen otra particularidad común, su bajo índice glucémico. Su consumo no crea picos de insulina en sangre y son mucho más antioxidantes, alcalinizantes y con menor índice glucémico si son realmente silvestres y no cultivadas por el hombre.

En general, son ricas en fibra, minerales —hierro, calcio, cobre, fósforo, magnesio, zinc—, carotenoides, antocianinas, vitaminas C, E y del grupo B, taninos y antioxidantes naturales, flavonoides, lecitina y pectina. Todos estos factores las convierten en el alimento *antiaging* por antonomasia. Son antianémicas, favorecen la salud de la piel y la visión, la formación de tejidos y de glóbulos rojos, la salud cerebrovascular, la intestinal y la inmune y se les atribuyen poderosas propiedades anticancerosas.

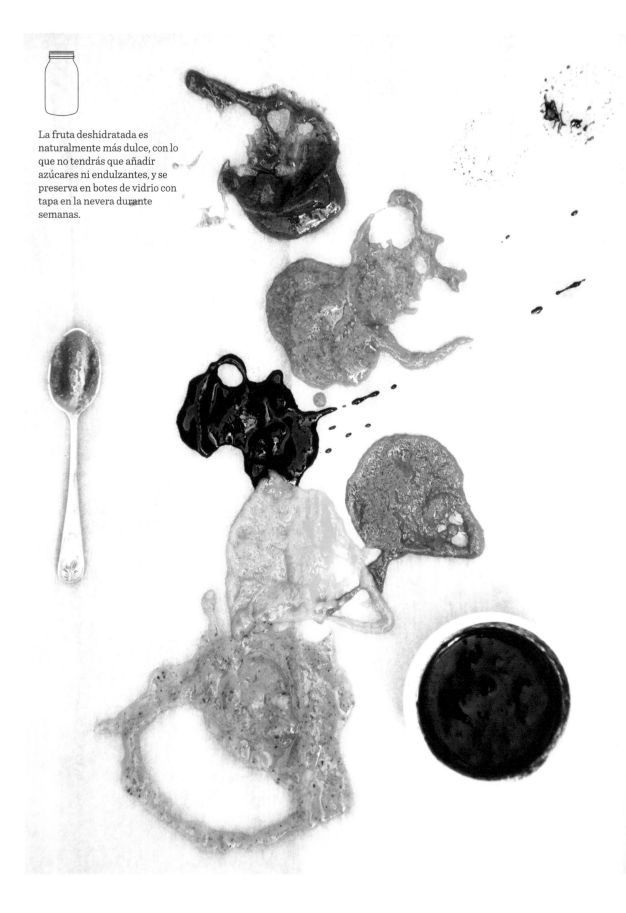

La fruta deshidratada es naturalmente más dulce, con lo que no tendrás que añadir azúcares ni endulzantes, y se preserva en botes de vidrio con tapa en la nevera durante semanas.

Mermeladas de frutas

Tiempo de preparación 15 min. Listo en 15 minutos

Ingredientes

1 $^1/_2$ T de fruta deshidratada (kiwi, piña, albaricoque, naranja, higos, mango...)
1 $^1/_3$ T de agua de calidad (o al gusto)

Método de preparación

Con cualquier fruta deshidratada puedes preparar las mermeladas más increíbles.

Puedes utilizar fruta que ya encuentres deshidratada en las tiendas de alimentación o deshidratar tú mismo la fruta cuando sea temporada.

Simplemente, remoja la fruta deshidratada en el agua hasta que se hidrate, entre 2 y 8 horas dependiendo de la variedad. Bate en la batidora de vaso hasta obtener una mezcla muy homogénea.

La fruta deshidratada es otro de los grupos de alimentos a los que se ha demonizado últimamente por su contenido en glúcidos (azúcares naturales). Se las culpa de ser un alimento que nos hace engordar. Sin embargo, la fruta desecada o deshidratada, como los orejones secados al sol de tradición ancestral mediterránea, son una manera excelente de preservar la fruta ya madura para épocas, como el invierno, en las que son escasas. El método tradicional de secado es al sol, aunque hoy día se utilizan también deshidratadores de grandes dimensiones a bajas temperaturas.

Muchas de estas frutas deshidratadas tienen propiedades alcalinizantes, antioxidantes y *antiaging*, como las uvas pasas, las ciruelas pasas, las bayas secas, las moras deshidratadas o los orejones de melocotón o albaricoque. Y pueden ser un tentempié de lo más saludable.

A la hora de comprarlas, asegúrate de que sean ecológicas, ya que se habrán secado con la piel; que no les hayan añadido azúcares, melazas o siropes; que no las hayan blanqueado con productos químicos antes de deshidratar —como ácido cítrico o sulfuro—, que generalmente se utilizan para mantener la viveza de su color original. Cuanto más amarronada esté la fruta, más posibilidades hay de que no se hayan utilizado conservantes ni antioxidantes químicos de ningún tipo en su preparación. Desconfía de los colores vivos en la fruta deshidratada etiquetada como natural.

Por encima de 38°C

Aunque este pan tenga un sabor dulzón de fondo, lo puedes acompañar de tus platos salados o dulces o, a lo mejor, con un poco de chocolate "raw" al 100%, con los azúcares naturales del plátano no te hará falta otro endulzante.

Pan de nueces al vapor sin cereales

Para 1 pan, unas 6 rodajas

Tiempo de preparación 15 min. Listo en 30 minutos

Ingredientes

1 plátano macho (200 g) maduro, pelado

1 pellizquito de sal marina o del Himalaya

1 C de levadura nutricional

$^3/_4$ T de nueces, remojadas 8 horas, lavadas y troceadas

3 C de harina de coco

Método de preparación

Batir el plátano macho en una batidora de vaso.

Combinar todos los ingredientes y solo la mitad de las nueces en un bol y mezclar con una espátula.

Dar forma de bloque y decorar con el resto de las nueces.

Cocinar al vapor durante 30 minutos.

Dejar reposar otros 30 minutos sobre una rejilla y servir.

El plátano macho es un fruto muy rico en fibra, factor que comparte con los cereales sin procesar y clave en la clasificación tradicional de alimentos —como los cereales— en «buenos y malos». También es muy rico en almidón, otro factor que comparte con los cereales, especialmente cuando está verde, con lo que hay que cocinarlo antes de consumirlo para transformar los tóxicos almidones en azúcares digeribles. Precisamente este ingrediente, el almidón, hace que se comporte de manera muy parecida a los cereales a la hora de su digestión, y su riqueza en fibra —junto con los otros ingredientes con los que se combina en esta receta— hace que sus azúcares se asimilen de manera lenta.

Si se dejara enfriar en la nevera después de cocinarlo, el almidón del plátano se convertiría en almidón resistente, lo que indica su resistencia a la digestión en el intestino delgado. Este almidón sin digerir y de efecto prebiótico llega al intestino grueso donde fermenta y sirve de alimento a nuestras bacterias. Esto no se aplica solo al plátano verde, sino a otras frutas no maduras ricas en almidón como el mango o la papaya verdes, y también a raíces ricas en almidón, como la patata, la yuca, el ñame, etc.

En una dieta basada en alimentos vivos y crudos, «tácticas» como esta no son necesarias, ya que es una dieta alta en fibra, prebióticos y probióticos pensada para una salud intestinal fermentativa inmejorable. Pero para cuando tengas antojo de un pan ligeramente dulce y una textura increíble, puedes utilizar esta receta. Lo tendrás en un momento y sin utilizar cereales ni pseudocereales, ni siquiera endulzantes de ningún tipo.

Pan plano de yuca

Para unos 4 panes
Tiempo de preparación 15 min. Listo en 15 minutos

Ingredientes

Para los panes
500 g de yuca (1 raíz mediana), sin pelar
3 C de aceite de oliva virgen extra
$^{1}/_{2}$ T de harina de coco
$^{1}/_{4}$ T de levadura nutricional
1 c de sal marina o del Himalaya

Para dar forma al pan
2 C de harina de coco

Para tostar
1 C de aceite de coco crudo, en estado líquido

Método de preparación

Trocear la yuca en trozos de unos 10 cm y, sin pelar, cocinar al vapor durante 30 minutos.

Dejar enfriar un poco y pelar.

Combinar con el resto de los ingredientes en un procesador de cocina y triturar hasta obtener una masa suave y modelable.

Dividir la masa en cuatro porciones y dar forma de bolitas.

Espolvorear con la harina de coco la superficie de trabajo y aplanar las bolitas dando forma de pan plano.

Calentar una sartén para crepes a fuego lento, pintar con aceite de coco y tostar los panes por cada lado durante unos 2 minutos o al gusto.

La yuca es un tubérculo rico en almidón que se adapta muy bien y prospera en climas muy diferentes. Hay que cocinarla bien y pelarla antes de consumirla, ya que contiene glucósidos cianógenos y un compuesto tóxico llamado linamarina que se puede convertir en el tóxico cianuro de hidrógeno al metabolizarlo.

No cocinar la yuca bien, unos 30 minutos al vapor y pelarla es lo que requiere, puede causar intoxicaciones con síntomas como vómitos, náuseas, mareos, dolor estomacal, dolor de cabeza o incluso envenenamiento.

Lo mismo que en el de plátano macho o patata violeta, estos panes son una manera rápida y efectiva de acabar con los antojos de pan, una excepción en el caso de que se haya decidido no consumirlo pero se eche de menos. Eso sí, no crea la adicción que pueden crear algunos cereales.

Doughnut de yuca

Para 4 *doughnuts*
Tiempo de preparación 15 min. Listo en 15 minutos

Ingredientes

Para los *doughnuts*
1 yuca grande (1.500 g), sin pelar
1 T de harina de coco
1 c de cúrcuma en polvo
1 C de semillas de anís, recién molidas
1 C de jengibre en polvo
1 C de ralladura de limón
1 T de aceite de coco crudo, en estado líquido
$^1/_2$ T de alga cochayuyo, remojado 2 horas y lavado
$^1/_2$ T de agua

Para el glaseado
1 C de leche de coco en polvo

Método de preparación

Trocear la yuca en trozos de unos 10 cm y, sin pelar, cocinar al vapor durante 30 minutos.

Dejar enfriar un poco y pelar.

Combinar con el resto de los ingredientes en un procesador de cocina y triturar hasta obtener una masa suave y modelable.

Dividir la masa en cuatro porciones y hacer bolas con cada una.

Con los dedos, hacer un agujero en el centro de cada bola y dar forma de *doughnut*.

Colocar los *doughnuts* sobre una lámina del deshidratador o un recorte de papel de hornear sin blanquear.

Espolvorear con la leche de coco en polvo y deshidratar durante 1 hora.

La leche de coco en polvo se obtiene a partir de la liofilización de la crema de coco (80% de pulpa de coco joven emulsionada con un 20% de agua) y la pasta de coco (una fina pasta compuesta de pulpa desgrasada y fibra de coco molida).

Es un polvo blanquísimo de un suave sabor dulzón y de textura grasa que mantiene todas las beneficiosas propiedades de las grasas y fibras del coco. Se puede mezclar con agua de calidad tibia y batir para preparar una leche deliciosa en un instante. A mí me gusta utilizarlo en repostería como sustituto del azúcar glas para los acabados más increíbles.

Poffertjies

Para unos 20 *poffertjies*

Tiempo de preparación 15 min. Listo en 30 min

Ingredientes

1 T de trigo sarraceno germinado y lavado
$^1/_2$ T a 1 T de agua de calidad
1 c de sal marina o del Himalaya
1 C de aceite de coco crudo, en estado líquido

Método de preparación

Combinar el sarraceno, el agua y la sal y batir hasta obtener una mezcla muy suave. Añadir solo el agua suficiente para poder batir bien el trigo sarraceno y convertirlo en una crema suave, con una textura parecida a la de las natillas.

Pintar con el aceite de coco una sartén para *poffertjies* o para *takoyaki*.

Calentar a fuego lento y rellenar todas las hendiduras de la sartén con la masa suficiente de sarraceno.

Cocinar a fuego medio hasta que empiecen a aparecer pequeñas burbujas en el lado superior de la masa.

Dar la vuelta y cocinar unos 2 minutos más, hasta que la masa esté crujiente por fuera y esponjosa por dentro.

Repetir la operación con el resto de la mezcla sobrante.

Una vez cocinados todos los *poffertjies*, servir inmediatamente para no perder el punto de crujiente.

Los *poffertjies* son unos pequeños y esponjosos *pancakes* holandeses que se preparan con una base de harina de trigo sarraceno, levadura instantánea, harina refinada, leche, huevos, azúcar, sal y mantequilla. Tradicionalmente, en Holanda se sirven espolvoreados con azúcar glas y mantequilla, también con sirope o un tipo de licor dulce y cremoso llamado *advocaat*.

Se cocinan en una sartén especial de hierro fundido con hendiduras de forma circular de unos 5 cm de diámetro, parecida a las sartenes japonesas para preparar *takoyaki*, pero las hendiduras son más pequeñas. Si no dispones de ninguna de estas sartenes, puedes utilizar esta misma receta para preparar crepes de sarraceno germinado en una sartén plana.

En mi versión, se han reducido los ingredientes a la expresión mínima: solo con trigo sarraceno —más saludable y nutritivo si es germinado— y agua conseguiremos estos mini *pancakes* deliciosos, ligeros, esponjosos por dentro, crujientes por fuera y neutros en sabor, que nos servirán para acompañar tanto platos salados como para convertirlos en caprichos dulces pero conscientes. Sírvelos al momento de hacer para que no pierdan el toque crujiente del exterior.

Crepes de sarraceno y espinacas

Para 6 crepes

Tiempo de preparación 15 min. Listo en 30 min

Ingredientes

1 T de trigo sarraceno germinado y lavado

$^1/_2$ T de agua de calidad

125 g de espinacas

1 c de sal marina o del Himalaya

1 C de aceite de coco crudo, en estado líquido

Método de preparación

Colocar todos los ingredientes menos el aceite de coco en una batidora de vaso y batir hasta obtener una mezcla muy suave.

Calentar a fuego lento una sartén plana o para crepes y pintar con aceite de coco.

Poner una sexta parte de la mezcla en la sartén y extender con la ayuda de una espátula.

Cocinar a fuego medio durante 2 minutos.

Cuando empiecen a verse pequeñas burbujitas fruto de la cocción en la superficie de la crepe, dar la vuelta y cocinar 2 minutos más.

Repetir con el resto de la mezcla.

Las verduras de hoja de color verde intenso, como las espinacas, las hojas de nabo, las acelgas, las hojas de remolacha o de zanahoria, el kale, son las mejores fuentes de luteína y zeaxantina, antioxidantes de probada eficacia para la salud ocular. Contienen también betacarotenos, vitamina C y sulforafano —fitoquímico gracias al cual el cuerpo produce sus propias enzimas antioxidantes, incluso durante algunos días después de su consumo, las cuales ayudan a combatir un amplio efecto de los radicales libres—, y ácido fólico, siendo las espinacas una de las verduras de hojas con mayor capacidad antioxidante y *antiaging*.

En alimentación viva, se le da gran importancia a las verduras de hoja, ya que son capaces de transformar la energía solar en su propio alimento y almacenarlo en forma de diminutas partículas de luz llamadas biofotones, clave de su vitalidad. Aparte de la composición química de los alimentos, se considera esta energía luminosa un factor fundamental en su calidad, responsable de su potencial nutricio. Eso sí, mejor consumirlas frescas y sin someter al calor para aprovechar sus propiedades al máximo.

Las espinacas y las acelgas contienen además vitamina K_1, una vitamina liposoluble vital para la coagulación de la sangre, un sistema óseo fuerte, la prevención de enfermedades cardiacas y degenerativas del cerebro, la regulación de insulina en sangre e incluso preventiva ante ciertos tipos de cáncer como el de hígado o pulmón.

Waffles de boniato y chufa

Para unos 5 *waffles*

Tiempo de preparación 15 min. Listo en 8 horas

Ingredientes

Para los *waffles*

500 g de boniato (unos 4 boniatos medianos)

$^1/_2$ c de sal marina o del Himalaya

1 $^1/_2$ T de harina de chufa

1 C de cáscara de psyllium en polvo

Para el *topping*

1 C de canela molida

Método de preparación

Cocinar el boniato entero y con piel al vapor durante 30 minutos, de esta manera la temperatura será menos alta en su interior.

Una vez cocidos, dejar enfriar suficientemente para poder pelarlos.

Trocear y combinar con el resto de los ingredientes en un procesador de cocina hasta obtener una masa suave y modelable.

Rellenar con esta masa moldes para *waffles*, desmoldar con cuidado sobre recortes de papel de hornear o sobre las láminas antiadherentes del deshidratador y deshidratar durante unas 2 horas.

Retirar el papel o las láminas, espolvorear con la canela y deshidratar directamente sobre las bandejas del deshidratador durante 6 horas más.

Servir tibios.

El boniato es un tubérculo dulce con gran concentración de nutrientes. Aunque muchos piensan que es familia de la patata, nada más lejos de la realidad: la patata contiene solanina, un compuesto natural inflamatorio que solo disminuye —pero no se elimina— con su cocción, mientras que el boniato carece de él al no ser de la familia de las solanáceas.

Estos vegetales también son excelentes fuentes de vitaminas C y B_5, cobre, fibra, niacina, potasio y hierro.

A pesar de su dulzor, son un alimento de bajo índice glucémico, en especial sus variedades anaranjadas y violeta/azul, que liberan glucosa lentamente, más aún si se consumen con la piel, beneficiando al páncreas y dejándonos saciados durante mayor tiempo.

A la hora de prepararlos, lo mejor es cocinarlos al vapor y con la piel, para evitar que los carotenoides de su pulpa se oxiden.

Como su provitamina A es liposoluble (se disuelve en grasas), lo ideal es consumirlo con alimentos ricos en ácidos grasos saludables —como en esta receta— para maximizar su eficacia; si no eliminaríamos sus carotenoides enseguida.

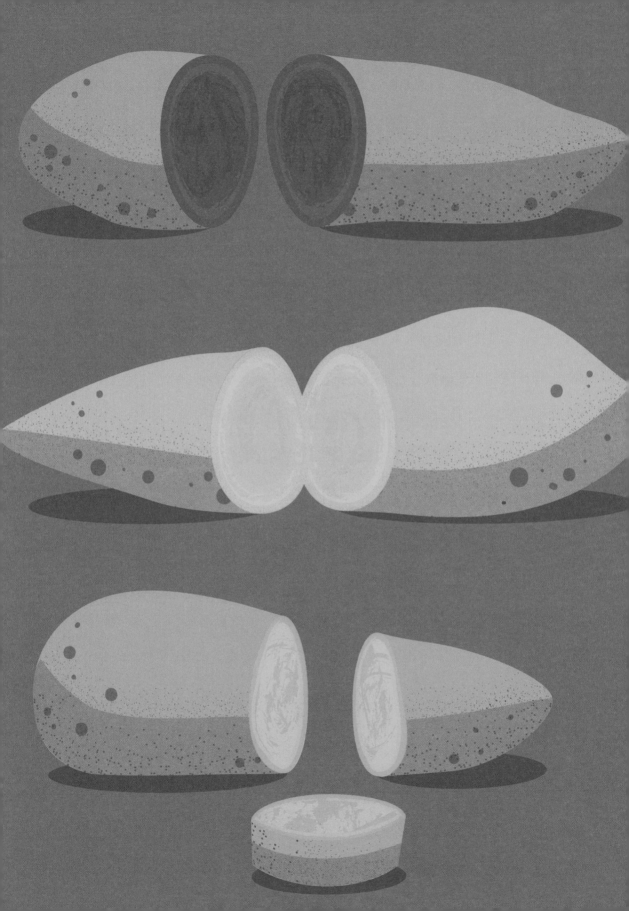

El boniato es un fruto tubérculo de propiedades antiinflamatorias y antioxidantes. Aunque es un fruto de temporada de noviembre y diciembre, cada vez es más común encontrarlos en el mercado todos los meses del año.

Los hay de muchas variedades, de diferentes colores: crema, tostado, amarillo, naranja, rosa y morado —como el murasaki imo utilizado en el pan de patata violeta, la próxima receta. Cuánto más intenso y vibrante sea su color, mayor la cantidad de nutrientes y fitoquímicos antioxidantes que atesoran.

Los boniatos anaranjados deben su color a la presencia de betacarotenos, que nuestro organismo puede convertir en retinol o vitamina A, favoreciendo la salud de la piel, la ocular, reforzando el sistema inmune y protegiéndonos ante enfermedades cardiovasculares —previniendo la formación de coágulos— y degenerativas.

Dumplings de patata violeta y murasaki imo

Para 8 *dumplings*
Tiempo de preparación 15 min. Listo en 40 min

Ingredientes
500 g de patata violeta
3 C de harina de coco
1 c de sal marina o del Himalaya
1 c de jengibre en polvo
1 c de pimienta negra, recién molida
2 C de aceite de coco crudo, en estado líquido
2 C de *murasaki imo* en polvo

Método de preparación
Lavar las patatas y cocinar al vapor con la piel y enteras durante 30 minutos, dejar enfriar y pelar.

Añadir las patatas a un procesador de cocina con el resto de los ingredientes y procesar hasta obtener una masa homogénea y suave.

Dividir en ocho porciones y hacer bolitas.

Cortar un trozo cuadrado de *film* alimentario de unos 10 cm por cada lado.

Colocar una bolita de la masa en el centro y chafar suavemente con los dedos y aplanar hasta obtener una masa de un grosor de 1 cm.

Colocar un diente de ajo negro en el centro y cerrar la masa envolviendo el diente de ajo con la ayuda de los dedos.

Hacer un hatillo con el *film* apretando por la parte superior para dar forma de *dumpling*.

Repertir con el resto de la masa.

El murasaki imo o boniato morado es un tubérculo típico japonés de intenso color morado, considerado en Japón un alimento medicinal.

La harina de murasaki imo es un preparado liofilizado que conserva la mayor parte de sus nutrientes y poderosos antioxidantes, las antocianinas que le dan su típico color violáceo, de potente efecto antiaging y anticáncer. Contiene grandes cantidades de minerales: potasio, calcio, sodio, fósforo, manganeso, cobre, hierro y magnesio.

Es una harina rica en fibra, betacarotenos, vitamina C, B_6, riboflavina, niacina, ácido pantoténico y ácido fólico. Como el tubérculo del que se prepara, tiene propiedades hepatoprotectoras y es rica en carbohidratos y proteínas.

Si no encuentras murasaki imo en polvo, puedes utilizar almendra molida para una variación de esta receta también deliciosa y con las propiedades alcalinizantes añadidas de la almendra.

Las patatas azules o violeta tienen significantes propiedades antiinflamatorias y son un efectivo agente hipotensor, factor que puede contribuir a disminuir los factores de riesgo de enfermedades cardiovasculares en personas con hipertensión. Incluso tan solo unas horas después de su consumo, gracias a sus contenidos en antocianinas y su bajo contenido en azúcares naturales, tienen la capacidad de aumentar la cantidad de antioxidantes en sangre; mientras que las patatas blancas, amarillas y rojas parecen tener un efecto prooxidante y proinflamatorio.

Roscón de Reyes

Para 1 roscón de unas 8 porciones

Tiempo de preparación 30 min. Listo en 8 horas

Ingredientes

Para la masa

350 g de chirivía

350 g de nabo

$^1/_2$ T y 2 C de harina de coco

1 C de leche de coco en polvo

2 C de aceite de coco crudo en estado líquido

Para el *topping*

1 C de canela molida

1 C de jengibre en polvo

2 plátanos medianos (200 g), pelados y batidos

$^1/_2$ plátano mediano (50 g), pelado y cortado en rodajas

Bayas goji al gusto (1 C aprox.)

Almendras picadas al gusto (1 C aprox.)

Para el relleno

12 ciruelas pasas (120 g), ya deshuesadas

12 yuyubas deshidratadas (120 g de dátil rojo chino o jínjoles deshidratados), recién deshuesadas

Método de preparación

Cocinar la chirivía y el nabo enteros al vapor durante 30 minutos; no hace falta pelar, pero sí descartaremos la base de donde crecen las hojas.

Una vez cocinados, trocear y combinar con el resto de los ingredientes en un procesador y triturar hasta obtener una masa suave y modelable.

Envolver en *film* de cocina y reservar en la nevera durante una $^1/_2$ hora para que la masa tome consistencia.

Aplanar la masa con la ayuda de un rodillo sobre un recorte de papel de hornear sin blanquear o sobre una lámina del deshidratador y cubierta con *film* de cocina para que no se pegue al rodillo hasta que la masa tenga aproximadamente 1 cm de grosor y forma circular.

Reservar.

Trocear finamente las yuyubas y las ciruelas con la ayuda de un cuchillo.

Disponer las ciruelas y la yuyuba en forma de anillo sobre la masa de raíces.

Hacer tres cortes en forma de estrella en el centro de la masa y envolver el anillo de fruta

En esta receta, utilizamos el dulzor suave propio de estas raíces para preparar un dulce sin azúcar añadido. El sabor es ligeramente picante en boca, muy suave, pero es un dulce muy ligero y nutritivo.

seca con la masa, desde fuera hacia dentro y luego desde el corte del centro hacia afuera; procurando que la masa coincida sobre el anillo de fruta y presionando suavemente con los dedos para cerrar la masa con el relleno dentro sin que se rompa.

Colocar en el deshidratador y deshidratar durante 1 hora.

Dar la vuelta sobre una bandeja del deshidratador con su lámina, con cuidado de que no se rompa.

Espolvorear con la canela y el jengibre en polvo.

Hacer cinco incisiones con la yema de los dedos sobre la masa y colocar sobre las incisiones las rodajas de plátano.

Con la ayuda de una manga pastelera, decorar con la crema de plátanos batidos al gusto.

Acabar de decorar con las almendras troceadas y bayas goji al gusto.

Deshidratar durante 1 hora más.

> *Las raíces en general son ricas en diversidad de minerales orgánicos, forma única en la que los podemos asimilar bien. Es importante que, cuando sea posible, los comamos en crudo y con la piel, bien lavadas y de cultivo orgánico, para aprovechar sus antioxidantes de propiedades cicatrizantes y antiaging que se concentran en su piel.*

El nabo, de la familia de las poderosas crucíferas, es diurético —por su contenido en potasio y glucosinolatos— y se le atribuyen propiedades desintoxicantes, antibacterianas, antivíricas y anticancerosas. Se puede comer perfectamente en crudo, y acompañado de algún alimento rico en grasas se convierte en un potente alimento *antiaging*.

Las chirivías pertenecen a la familia de las zanahorias, aunque su raíz es más engrosada y blanquecina. Tiene un intenso olor y es picante en crudo, por este motivo se suele cocinar, aunque es perfectamente comestible en crudo. Es un vegetal muy antioxidante y *antiaging* gracias a sus contenidos en minerales, fibra, vitaminas C, E y del grupo B, fósforo, potasio y magnesio. Se le atribuyen propiedades anticancerosas, reguladoras de los niveles de colesterol, antiinflamatorias, antifúngicas, depurativas del hígado y la vesícula biliar.

Cuando compres raíces, asegúrate de que son ecológicas, para poder también consumir la piel —siempre y cuando esta sea comestible—, donde se concentra la mayoría de los beneficios. Comprueba también que no estén blandas, lo que significaría que hace tiempo que han sido recolectadas y están ya deshidratadas y desvitalizadas. Sus hojas son también comestibles y muy nutritivas, en ensalada, en zumos, en batidos o cremas frías.

Pan braisé

Para unos 10 panes
Tiempo de preparación 30 min. Listo en 8 horas

Ingredientes
150 g de espinacas
500 g de ñame
1 T de harina de coco
1 c de sal marina o del Himalaya
1 c de aceite de coco crudo, en estado líquido

Método de preparación
Cocinar el ñame entero al vapor durante 30 minutos, dejar enfriar y pelar.

Triturar el ñame con las espinacas y la sal.

Dividir en diez porciones y hacer tortitas.

Enharinar con la harina de coco.

Pintar una sartén con el aceite de coco y calentar a fuego lento.

Tostar las tortitas por ambos lados a fuego lento hasta que estén doradas.

El ñame tiene un cierto parecido con el boniato, pero son frutos de plantas que pertenecen a familias muy diferentes.

Hay también diversas variedades de ñame que se clasifican según su textura como «firmes» o «suaves»; al cocinarlos, los primeros son más densos, los segundos más tiernos y húmedos. Ambas variedades sirven para preparar esta receta, aunque la versión firme da mejores resultados. Los ñames se tienen siempre que cocinar unos 30 minutos al vapor y pelar, para evitar riesgos de intoxicación.

Los ñames, no tan ricos en almidón como otras raíces o los tubérculos, están compuestos por carbohidratos complejos y fibra, beneficiando así una asimilación lenta de azúcares y evitando picos de insulina.

También son ricos en vitamina A —aunque no tanto como el boniato—, vitamina C —aunque se degrada con la cocción—; potasio, manganeso, vitaminas del grupo B, cobre, calcio, potasio, hierro, manganeso, fósforo.

Agradecimientos

Soy inmensamente feliz a la hora de escribir estas palabras, habiendo cerrado ya las últimas páginas de este mi segundo libro con Ediciones Urano. Lo mismo que en mi primer libro, *Raw Food Anti-aging. La cocina de la longevidad: salud, vitalidad, consciencia y belleza,* en estos instantes no puedo sino pensar en todos aquellos sin cuyo cariño, apoyo, interés continuado, entusiasmo y aliento desinteresado este libro no sería el mismo.

Sin duda, la lista de nombres es larga y el espacio breve y sé que, de intentar mencionaros a todos, siempre tendré esa sensación de haberme dejado a muchos en el tintero. Así que a todos los que me habéis regalado algo de vuestro tiempo, atención y compañía en mi ya largo camino de la alimentación viva, desde ya os doy las gracias. Aunque también me gustaría mencionar en concreto a algunas bellas personas sin las que este libro jamás sería el que es ahora.

Gracias superlativas a Carmen Méndez, por compartir conmigo tu sabiduría y tus conocimientos, por tu especial sensibilidad y altruismo, por contar conmigo en lo personal y en lo profesional y por acompañarme más allá de lo que me hubiese atrevido sola. A Rosa Martos, desde el corazón, gracias por tu generosidad y tus risas, por apoyarme y cuidarme siempre desde la distancia, por compartir conmigo tanto de tu inagotable conocimiento y por todos los alimentos maravillosos sin los que muchas recetas de este libro no hubiesen encontrado su máxima expresión. A Álex Pirla, por la opinión profesional, sincera y entusiasta de algunas de las recetas de este libro, con la que, sin saberlo, me has ayudado a ver las falsas barreras creativas; gracias también por el aire renovado y las conversaciones sobre el amor y las verduras. A Rocío Carmona, mi editora, por tu apoyo, confianza, comprensión, profesionalidad y por brillar con tu positividad a mi lado; y al equipo de profesionales cuyo trabajo de edición, diseño, maquetación y producción ha dado forma final a este libro. A Johnny Richards, por estar siempre cuando te necesito. A Mariano Maturana, por tu apoyo incondicional, de nuevo, y por tu entusiasmo y sincera opinión sobre el resultado de mis recetas. A Rolf Behncke y Carmen Erazo, no me puedo olvidar de vuestro cariño, ni de vuestra influencia en mi primer y segundo libro, gracias por recordarme con el ejemplo el valor de la humildad, la honestidad y que a todas las pequeñas cosas de la vida también les debemos estar agradecidos.

Bibliografía

Bèliveau, Richard, y Gingras, Denis, *Recetas con los alimentos contra el cáncer*, RBA Integral, Barcelona, 2010.

Berdonces, Josep Lluís, *Especias que curan. Historias, remedios y recetas de hierbas y especias del mundo*, RBA Integral, Barcelona, 2015.

Boutenko, Victoria, *La revolución verde*, Gaia Ediciones, Móstoles, 2012.

Brazier, Brendan, y Jackman, Hugh, *Thrive: The Vegan Nutrition Guide to Optimal Performance in Sports and Life*, Da Capo Press, Boston, 2007.

Broadwell RD, Balin BJ, Salcman M., *Transcytotic pathway for blood-borne protein through the blood-brain barrier*, http://www.ncbi.nlm.nih.gov/pubmed/2448779, 1998.

Campbell, T. Colin, y Campell, Thomas M., *The China Study*, Benbella Books, Dalls, Texas, 2006.

Clement, Brian R., *Food IS Medicine. The Scientific Evidence*, Vol. I, Hippocrates Publications, Book Publishing Company, Tennessee, 2012.

Clement, Brian R., *Food IS Medicine. Edible Plant Foods, Fruits and Spices from A to Z: Evidence for their Healing Properties*, Vol. II, Hippocrates Publications, Book Publishing Company, Tennessee, 2012.

Clement, Brian R., *Food IS Medicine. Foods that Undermine your Health*, Vol. III, Hippocrates Publications, Book Publishing Company, Tennessee, 2014.

Cousens, Gabriel, *There is a Cure for Diabetes*, North Atlantic Books, Berkeley, California, 2008.

Cousens, Gabriel, *Alimentación Consciente*, Epidauro, Buenos Aires, 2011.

Dalla Pellegrina C, Perbellini O, Scupoli MT, Tomelleri C, Zanetti C, Zoccatelli G, Fusi M, Peruffo A, Rizzi C, Chignola R., *Effects of wheat germ agglutinin on human gastrointestinal epithelium: insights from an experimental model of immune/epithelial cell interaction*, http://www.ncbi.nlm.nih.gov/pubmed/19332085, 2009.

Dufour, Anne, y Festy, Danièle, *La revolución de los omega 3*, Ediciones Robinbook, Barcelona, 2007.

Enders, Giulia, *La digestión es la cuestión*, Ediciones Urano, Barcelona, 2015.

Festy, Danièle, *Antioxidantes. Guía práctica*, Ediciones Robinbook, Barcelona, 2007.

Gandhi, Mohandas Karamchand (Mohatma), *La base moral del vegetarianismo*, Editorial Central, Buenos Aires, 1986.

Greger, Michael, *Carbophobia*, Lantern Books, Nueva York, 2005.

Greger, Michael, *Comer para no morir*, Espasa Libros, Barcelona, 2016.

Jensen, Bernard, *Foods that Heal*, Penguin Group USA, Nueva York, 2014.

Jensen, Bernard, *Limpieza de los tejidos a través del intestino*, Yug, México 1992.

Lezaeta Acharán, Manuel, *La medicina natural al alcance de todos*, Editorial Pax México, México, 1997.

Liu WK, Sze SC, Ho JC, Liu BP, Yu MC., *Wheat germ lectin induces G2/M arrest in mouse L929 fibroblasts*, http://www.ncbi.nlm.nih.gov/pubmed/15048871, 2004.

Matveikova, Irina, *Inteligencia digestiva*, La Esfera de los Libros, Madrid, 2011.

Ohmori T, Yatomi Y, Wu Y, Osada M, Satoh K, Ozaki Y., *Wheat germ agglutinin-induced platelet activation via platelet endothelial cell adhesion molecule-1: involvement of rapid phospholipase C gamma 2 activation by Src family kinases*, http://www.ncbi.nlm.nih.gov/pubmed/11669637, 2001.

Ovelgönne JH, Koninkx JF, Pusztai A, Bardocz S, Kok W, Ewen SW, Hendriks HG, van Dijk JE., *Decreased levels of heat shock proteins in gut epithelial cells after exposure to plant lectins*, http://www.ncbi.nlm.nih.gov/pubmed/10764712, 2000.

Palmetti, Néstor, *Alimentos saludables*, el autor, Córdoba, 2006.

Palmetti, Néstor, *Cuerpo saludable*, el autor, Córdoba, 2008.

Palmetti, Néstor, *El mito de las carencias*, el autor, Córdoba, 2011.

Palmetti, Néstor, *Grasas saludables*, el autor, Córdoba, 2007.

Palmetti, Néstor, *Nutrición vitalizante*, el autor, Córdoba, 2013.

Palmetti, Néstor, *Plantas saludables*, el autor, Córdoba, 2007.

Perlmutter, David, *Cerebro de pan. La devastadora verdad sobre los efectos del trigo, el azúcar y los carbohidratos en el cerebro*, Grijalbo, Barcelona, 2015.

Rodríguez, Consol, *Raw Food Anti-aging. La cocina de la longevidad, salud, vitalidad, consciencia y belleza*, Ediciones Urano, Barcelona, 2016.

Seignalet, Jean, *La alimentación, la tercera medicina*, RBA Integral, Barcelona, 2013.

Shelton, H. M., *La combinación de los alimentos*, Ediciones Obelisco, Barcelona, 2013.

Shinya, Hiromi, *The Enzyme Factor*, Millichap Books, EE.UU., 2010.

Shinya, Hiromi, *The Rejuvenation Enzyme,* Millichap Books, EE.UU., 2013.

Smolensky, Michael y Lamberg, Lynne, *The Body Clock Guide to Better Health*, Henry Holt and Company, Nueva York, 2000.

Tchernychev B, Wilchek M., *Natural human antibodies to dietary lectins*, http://www.ncbi.nlm.nih.gov/pubmed/8955334, 1996.

Vetrano, Vivian Virginia, *Vitamin B$_{12}$ Reviewed*, el autor, EE.UU., 2012.

Walker, Norman W., *The Vegetarian Guide to Diet and Salad*, Norwalk Press, Sommertown, Canadá, 1971, edición revisada: 1995.

Walker, Norman W., *Become Younger,* Norwalk Press, Sommertown, Canadá, 1949, edición revisada: 1995.

Walker, Norman W., *Fresh Vegetable and Fruit Juices. What's missing in your body?*, Norwalk Press, Sommertown, Canadá, 1936, edición revisada: 1976.

Wigmore, Ann, *The Sprouting Book. How to Grow and Use Sprouts to Maximize your Health and Vitality*, Hippocrates Health Institute, EE.UU., 1986.

Wigmore, Ann, *The Wheatgrass Book. How to Grow and Use Wheatgrass to Maximize your Health and Vitality*, Hippocrates Health Institute, EE.UU., 1986.

Wigmore, Ann, *Recipes for Longer Life*, Hippocrates Health Institute, EE.UU., 1978.

Wigmore, Ann, *Why suffer?*, Healthy Living Publications, Book Publishing Company, Tennessee, 2013.

Índice

155
PANES VIVOS Y CONSCIENTES

Las recetas que forman parte de este libro no son recetas de una cocina lenta. Es una cocina que fluye con el ritmo de la vida y el del amor que le quieras dedicar, un ritmo que parece que hayamos olvidado en nuestro mundo ajetreado y estresado donde tantas cosas importantes, sencillas y vitales se han ido diluyendo.